Tina Fey

A poderosa chefona

Tina Fey

A poderosa chefona

Tradução
Mariana Lopes

1ª edição

BestSeller

Rio de Janeiro | 2013

CIP-BRASIL. CATALOGAÇÃO NA FONTE
SINDICATO NACIONAL DOS EDITORES DE LIVROS, RJ.

Fey, Tina, 1970-
F464b A poderosa Chefona / Tina Fey; tradução: Mariana Lopes. — Rio de Janeiro: Best*Seller*, 2013.

Tradução de: Bossypants
ISBN 978-85-7684-589-8

1. Fey, Tina, 1970-. 2. Comediantes — Estados Unidos — Biografia. 3. Escritores — Estados Unidos — Biografia. I. Título

12-0101 CDD: 927.927028
CDU: 929:792.7.071.2

Texto revisado segundo o novo Acordo Ortográfico da Língua Portuguesa.

Título original norte-americano
BOSSYPANTS

Crédito de imagens: páginas 12 (alto) e 157 (esquerda) © 2008/Mary Ellen Mathews/NBC; página 12 (embaixo) e 226, Alethea McElroy; página 156, Ramona Rosales, cortesia da revista BUST; página 157 (direita), Ferguson & Katzman Photography/Halo Images; páginas 174 e 187 de 30 Rock, cortesia de NBCUniversal; página 195 (esquerda) ©2010/Dana Edelson/NBC; página 195 (centro e direita) © 2005/Dana Edelson/NBC; páginas 205, 215, 217 e 223 © 2008/Dana Edelson/NBC; página 230, Jake Chessum/Time & Life Pictures/Getty Images

Editoração eletrônica: FA Studio

Impresso no Brasil

ISBN 978-85-7684-589-8

Seja um leitor preferencial Record.
Cadastre-se e receba informações sobre nossos lançamentos
e nossas promoções.

Atendimento e venda direta ao leitor:
mdireto@record.com.br ou (21) 2585-2002

Para Jeanne Fey:

Feliz Dia das Mães. Fiz isto com pedacinhos de macarrão para você.

Sumário

Introdução

Seja bem-vindo, amigo (a),

Parabéns por comprar esta obra genuinamente americana. Cada componente deste livro foi selecionado para fornecer desempenho máximo, quaisquer que sejam suas necessidades literárias.

Se você é mulher e comprou este livro para ter dicas práticas sobre como se dar bem num ambiente de trabalho dominado por homens, aqui estão elas. Não use rabo de cavalo nem tomara que caia. Chore moderadamente. (Algumas pessoas dizem: "Nunca seja vista chorando." Eu digo que, se você está com tanta raiva que quer chorar, então chore. Todos ficam horrorizados.) Ao escolher parceiros sexuais, lembre-se: o talento não é sexualmente transmissível. Mais uma coisa: não coma nada diet em reuniões.

Talvez você seja um pai ou uma mãe e tenha comprado este livro para aprender a criar um adulto virgem, livre de drogas, que busca o sucesso. Você vai encontrar isso aqui também. Já posso adiantar que os ingredientes essenciais são uma figura paterna forte, um problema de pele e uma roupa colonial infantil.

Talvez você tenha comprado este livro porque ama Sarah Palin e quer ter motivos para me odiar. Temos isso também! Eu uso vários tipos de palavras elitistas como "impérvio" e "torpor", e acho que as pessoas gays assistem aos filhos jogando hóquei tão bem quanto as héteros.

Talvez setenta anos tenham se passado e você encontrou este livro numa pilha de lixo usada para bloquear a entrada de um Starbucks abandonado que agora é uma estação de alimentos para a milícia alienígena. Nesse caso, eu tenho perguntas para *você*. Por exemplo: "Nós realmente destruímos tanto o meio ambiente quanto pensávamos?" e "*Glee* ainda faz sucesso?".

Se você está procurando uma alegoria espiritual no estilo de C. S. Lewis, acho que você pode chegar a algum lugar com Lorne Michaels como símbolo de Deus e meu esforço para remover pelos como uma metáfora para virtude.

Ou talvez você tenha comprado este livro para rir e se divertir. Para você, incluí esta piada: "O que uma nuvem disse para a outra? Nu vem não." Sabe, eu quero que este livro tenha valido seu dinheiro.

Qualquer pessoa que me conhece sabe que só penso em dinheiro. Quer dizer, é só ver como minha linha de anéis para os dedos do pé inspirada no zodíaco e remédios homeopáticos infantis estão vendendo no Home Shopping Network. Como não sou nada além de uma empresária sensacional, pesquisei que tipo de conteúdo gera livros best-sellers. Parece que a resposta é ficadas de uma noite, vícios em drogas e receitas. Nesses quesitos, estamos sem sorte. Mas *posso* oferecer histórias chocantes sobre ansiedade e covardia.

A poderosa chefona

Por que este livro se chama *A poderosa chefona*? Primeiro, porque *Two and a Half Men* já está sendo usado. E segundo porque, desde que me tornei uma produtora executiva de *30 Rock*, as pessoas me perguntam: "É difícil para você ser a chefe?" e "É desconfortável para você ser a pessoa que manda?". Sabe, do mesmo jeito que dizem: "Nossa, Sr. Trump, é complicado para você ser chefe de todas essas pessoas?". Não posso responder pelo Donald Trump, mas, no meu caso, não é. Aprendi muito nos últimos dez anos sobre o que significa ser chefe das pessoas. Na maioria dos casos, ser uma boa chefe significa contratar pessoas talentosas e não as atrapalhar. Em outros casos, para as pessoas darem tudo de si no trabalho, você precisa fingir que não é chefe delas e deixar que elas tratem *outra* pessoa como chefe, e então essa pessoa sussurra para você e você diz a ela o que dizer à primeira pessoa. Ao contrário do que eu acreditava quando era pequena, ser chefe quase nunca envolve marchar por aí, balançando os braços, gritando: "Eu sou a chefe! Eu sou a chefe!"

Para mim, este livro foi a simples tarefa de retratar meus passos para descobrir quais fatores contribuíram para esta pessoa...

virar esta pessoa...

que secretamente prefere ser esta pessoa.

Espero que você goste tanto que compre um exemplar para a sua cunhada.

Tina Fey
Nova York, 2011

(É tão difícil acreditar que já estamos em 2011! Ainda escrevo "Tina Fey, 5º ano, sala 207" em todos os meus cheques!)

Como tudo começou

Meu irmão é oito anos mais velho do que eu. Eu fui uma grande surpresa. Uma surpresa *maravilhosa*, minha mãe diria rapidamente. Embora ter filhos aos 40 anos seja um erro comum entre os trouxas hoje, lá em 1970 era algo desconhecido. As mulheres do trabalho da minha mãe se referiam à gravidez dela como "Sra. Fey e seu bebê-menopausa". Quando eu nasci, era paparicada e mimada, e meu irmão sempre cuidou de mim como se fosse meu pai também.

Um dia antes de eu começar o jardim de infância, meus pais me levaram à escola para conhecer a professora. Minha mãe tinha levado minha coberta preferida para a hora da soneca e costurado minhas iniciais, assim como tinha feito para meu irmão oito anos antes. Na reunião com a professora, meu pai tentou dar minha coberta da soneca para a professora, e ela simplesmente sorriu e disse: "Ah, não fazemos mais isso." Foi quando percebi que meus pais eram velhos. Me preocupo com eles desde então.

Enquanto eles falavam com a professora, me colocaram numa mesa para colorir. Fui apresentada a um menino grego chamado

Alex, cuja mãe seria a próxima a conhecer a professora. Colorimos juntos em silêncio. Eu estava tão acostumada a receber elogios e incentivos que quando terminei o desenho levantei para mostrar ao Alex, e ele imediatamente o rasgou ao meio. Eu não tinha o vocabulário suficiente para expressar meus sentimentos naquela época, mas meus pensamentos eram algo como: "Ah, vai ser assim então, filho da puta? Beleza.". O bebê-menopausa da Sra. Fey tinha entrado no mundo real.

Durante o primeiro semestre do jardim de infância, fui retalhada no rosto por um desconhecido no beco atrás da minha casa. Não se preocupe, não vou entrar em detalhes pavorosos como num episódio policial do *Dateline*. Só toco no assunto para explicar por que não vou falar sobre isso.

Sempre fui capaz de saber muito sobre uma pessoa pelo fato de me perguntarem ou não sobre a cicatriz. A maioria das pessoas não pergunta, mas, se o assunto surge naturalmente de algum jeito e eu conto a história, elas ficam muito interessadas. Algumas pessoas são simplesmente burras: "Um gato te arranhou?". Coitadinhas. Essas pessoas monguinhas não me incomodam. Às vezes é um teste sociológico divertido, como quando meu amigo Ricky perguntou: "Eles pegaram o negro que fez isso com você?". Humm. Não foi um negro, Ricky, e eu nunca disse que tinha sido.

E existe outro tipo de pessoa que acha que está sendo corajosa, ou sensível, ou maravilhosamente direta ao me perguntar de cara. Elas perguntam com uma empatia discreta e falsa: "De onde vem essa cicatriz?" A atitude mais repugnante é quando dizem que estão curiosas porque "é muito linda". Ridículo. É mais fácil chegarem e dizerem: "Posso ser maravilhosa com você?". Para essas pessoas, serei bem clara. Não estou interessada em participar de um filme no qual você fica amiga da garota com a cicatriz. Um filme do Spielberg que pode ganhar um Oscar onde faço o papel de uma alemã cruel com uma cicatriz? Aí, sim.

Durante toda a minha vida, as pessoas que me perguntam sobre a cicatriz depois de me conhecerem por uma semana acabam invariavelmente sendo egomaníacas de inteligência mediana ou baixa. E egomaníacos de inteligência mediana ou baixa geralmente vão parar na área de jornalismo de TV. Então, veja só, se eu contar a história toda aqui, os apresentadores de *Acesso Nos Cinemas* e *Entretenimento Para Sempre* vão sempre me perguntar sobre isso, até o fim da minha breve carreira.

Mas vou contar o seguinte: a minha cicatriz era uma miniespécie de celebridade. Os garotos sabiam quem eu era por causa dela. Muitas pessoas gostavam de afirmar que estavam presentes quando aconteceu. Eu estava *lá*. Eu *vi*. Foi o Crazy Mike!

Os adultos eram gentis comigo por causa dela. As tias e os amigos da família me davam ovos de Páscoa e Hershey's Kisses enormes mesmo depois de eu já ser velha demais para ganhar essas coisas. Era para eu me sentir especial.

O que deveria ter me abalado e me feito sentir "menor" acabou me dando um senso inflado de mim mesma. Só depois de muitos anos, talvez até eu escrever este livro, percebi que as pessoas não estavam me paparicando porque eu era uma pessoa incrivelmente linda ou genial; elas estavam me paparicando para compensar o fato de terem retalhado o meu rosto.

Eu aceitava toda a atenção pelo valor real e segui a vida como se eu realmente fosse extraordinária. Acho que o que estou dizendo é que foi tudo um lindo mal-entendido. E vou ficar com os Globos de Ouro, todos eles!

Crescendo e curtindo

Quando eu tinha 10 anos, perguntei para a minha mãe se podia raspar a perna. Meus pelos escuros da canela eram difíceis de ignorar nos climas quentes, principalmente porque a minha melhor amiga Maureen era uma garota irlandesa pálida que provavelmente não tem pelo na perna até hoje. Minha mãe disse que era cedo demais e que eu iria me arrepender. Mas ela deve ter olhado para o meu corpo, cada vez mais peludo e suado, e sacou que alguma coisa estava fomentando.

Alguns meses depois, ela me deu uma caixa da empresa do Modess. Era um kit de "minha primeira menstruação" e dentro dele havia amostras de absorventes e proterores diários e dois panfletos. Um deles tinha o título vagamente ameaçador "Crescendo e curtindo" e outro que dizia "Como devo contar à minha filha?". Tenho quase certeza de que *ela* deveria ter lido esse para conversar comigo, mas ela me deu a caixa toda e saiu do quarto.

Querida Ginny,

A minha "amiga" finalmente chegou! Oba!! Já era hora! Se eu andar de patins enquanto estiver MENS-TRU-ERRADA, será que vou morrer?

Querida Pam,

É claro que pode andar de patins! Não seja boba! Mas tome cuidado com o cheiro, senão os cachorros da vizinhança podem tentar morder a sua vagina. Amigas para sempre, Ginny.

Querida Tabitha,

Às vezes eu tenho cólica no primeiro dia de menstruação. Minha mãe me mostrou alongamentos que posso fazer, mas também ouvi dizer que beber Schnapps de pêssego funciona.

Querida Ginny,

Schnapps funciona. Finja que vai misturar com suco de laranja, mas não misture.

Querida Pam,

Tenho uma festa na piscina esta semana, mas a minha "Tia Sangue" ainda está por aqui. Posso ir?

Querida Tabitha,

É claro que ainda pode ir! O Modess é um produto de proteção feminina ótimo, tão grosso e macio que você vai ficar superconfortável sentada no banco perto da piscina dizendo para todos que está doente.

"Crescendo e curtindo" era uma correspondência falsa entre três amigas jovens. Através do intercâmbio espirituoso entre elas, todas as minhas perguntas e os meus medos sobre menstruação seriam respondidos.

"Como devo contar à minha filha?"

Enquanto eu analisava enojada o papel com o título "Como devo contar à minha filha?", comecei a suspeitar que a minha mãe não tinha de fato lido o panfleto antes de entregá-lo para mim. A seguir, uma citação verdadeira da edição de 1981:

> Um livro, uma professora ou uma amiga podem fornecer alguns dos fatos sobre o ciclo menstrual. Mas apenas você — a pessoa que a tem ensinado sobre a vida e o crescimento desde que ela era um bebê — pode fornecer uma orientação carinhosa e a compreensão de que ela precisa.

Bela jogada, Jeanne Fey, bela jogada.

O texto explanatório era seguido de vários desenhos do sistema reprodutivo humano que meu cérebro se recusou a decorar. (Até hoje, tudo o que sei é que há entre duas e quatro aberturas lá embaixo e que a organização por dentro parece vagamente com a logo do Texas Longhorns.)

Enfiei a caixa no armário, de onde me assombrava diariamente. Era como se houvesse um cara vestido de Freddy Krueger lá dentro de tanta ansiedade que me causava. Toda vez que eu abria o armário para pegar meu vestido de ir à igreja ou minha fantasia de moça colonial de Dia das Bruxas, que eu usava para relaxar depois da escola

— "Modesssss", a caixa chiava para mim. "Modessssss está vindo te pegar.".

Então, aconteceu. Na primavera de 1981, atingi a menarca enquanto cantava "Song Sung Blue" do Neil Diamond num concerto do coral do bairro. Eu tinha 10 anos e havia reparado algo de estranho mais cedo naquele dia, mas eu sabia pelos comerciais que a menstruação era um líquido azul que você jorrava como detergente de roupa em absorventes enormes para testar a absorção. O que saiu de mim não era azul, então... ignorei por algumas horas.

Quando chegamos em casa, puxei a minha mãe num canto para perguntar se era estranho eu estar sangrando na minha calcinha. Ela foi muito compreensiva, porém um pouco confusa. Seus olhos diziam: "Bobinha, você não leu 'Como devo contar à minha filha?'" Eu tinha lido, mas ninguém disse em lugar nenhum do panfleto que a menstruação NÃO era um líquido azul.

Naquele momento, duas coisas ficaram claras para mim. Eu tinha, teoricamente, me tornado mulher e nunca seria médica.

Quando você se sentiu mulher pela primeira vez?

Quando eu estava escrevendo o filme *Meninas malvadas* — que espero estar passando na TV agora! —, fui fazer um workshop da Rosalind Wiseman como parte da minha pesquisa. Rosalind escreveu o livro de não ficção *Meninas malvadas* no qual o filme homônimo foi baseado, e ela conduziu vários workshops sobre autoestima e bullying com mulheres e garotas em todos os EUA. Um exercício em particular, feito num salão de hotel em Washington, DC, com mais ou menos duzentas mulheres crescidas, pedia para que escrevessem o momento em que "se sentiram mulheres pela primeira vez". Isso queria dizer: "Quando você se sentiu como uma mulher adulta e não uma garota?" Escrevemos a resposta e a compartilhamos, primeiro em pares, depois em grupos maiores. O grupo de mulheres era diversificado em raça e status social, mas as respostas tinham um tema semelhante. Quase todas perceberam que estavam se tornando mulheres quando um cara qualquer fez alguma coisa babaca com elas. "Eu estava andando para casa do balé e um cara no carro gritou: 'Me lambe!'"; "Eu estava tomando conta dos meus primos mais novos quando um cara passou de carro e gritou: 'Que bunda!'" Não havia praticamente nenhum exemplo do tipo: "Me senti mulher pela primeira vez quando meus pais me levaram para jantar para comemorar meu sucesso na equipe de debate." A maioria era de homens gritando um monte de merda de dentro de um carro. Eles são uma patrulha enviada para informar às meninas que chegaram à puberdade? Se forem, está dando certo.

Tive essa primeira experiência bizarra do carro quando tinha 13 anos. Eu estava voltando da escola para casa, passando por um lugar chamado O Maior Aquário do Mundo — que não sei se pode ser chamado assim legalmente, porque era obviamente um aquário de tamanho normal. Talvez eu devesse referir a mim mesma como O Homem Mais Alto do Mundo e ver no que dá. Enfim, eu estava voltando para casa sozinha da escola e usava um vestido. Um cara passou de carro e gritou: "Belas tetas." Com vergonha e raiva, saí gritando de volta: "Chupa o meu pau." É claro, não fez sentido algum, mas pelo menos eu não guardei a minha raiva.

Por sorte, graças aos Céus, gritar "Chupa o meu pau" não é o momento que associo à entrada para o mundo adulto. Para mim, foi quando comprei esta roupa irada de denim branco no shopping de Springfield.

Comprei usando meu próprio dinheiro com o conselho da minha amiga descolada, Sandee. Usei a roupa na Noite de Prêmios dos Formandos 1988, onde todos ficaram morrendo de inveja quando subi ao palco para receber a Bolsa de Escola Dominical. A gola levantada. A jaqueta que fechava com zíper na frente até embaixo, dando aquele formato legal. O denim branco que fazia a minha pele não bronzeada parecer uma cor própria. Gostaria de, pelo menos uma vez, encontrar um vestido para o Oscar ou o Emmy tão incrível quanto essa roupa.

Garota de área residencial procura assistência médica urbana

Pode ter sido um erro ter a minha primeira consulta ao ginecologista no Planned Parenthood do norte de Chicago. Eu tinha 23 anos e, sinceramente, não havia necessidade. Toda a minha estrutura ainda era nova de fábrica. Mas eu nunca havia ido e tinha plano de saúde, então por que não ser proativa em relação à minha saúde como a jovem feminista educada que sou? Vesti meu casaco cor de abóbora com o meu bóton da Sojourner Truth e fui até o lugar sombrio em Rogers Park. Todas as janelas estavam cobertas, e era preciso tocar o interfone em duas portas diferentes. Aquele lugar não dava mole para ninguém.

Sentei perto dos pôsteres sobre AIDS, lendo *Jazz*, da Toni Morrison, com orgulho. Talvez, mais tarde, eu pudesse me mimar com batata doce frita no Heartland Café!

Fui levada a uma sala de exames onde uma enfermeira sapatão entrou e perguntou se eu estava grávida. "De jeito nenhum!" Eu tinha vida sexual ativa? "Não!" Eu tinha sido molestada? "Bem", eu disse, tentando fazer uma piada: "a Oprah diz que as únicas respostas para essa pergunta são 'Já' e 'Não lembro'". Eu ri. A gente estava se divertindo. A enfermeira olhou para mim preocupada/irritada. "Você já *foi* molestada ou não?", "Ah. Não". Depois ela pegou um espéculo do tamanho de uma máquina de milk-shake. Até Michelle Duggar teria se encolhido ao ver isso, mas eu nunca tinha visto um troço desses antes. "Para que serve esse apar...?" Antes que eu pudesse terminar, a enfermeira enfiou a máquina de milk-shake até o fundo e desmaiei. Fui acordada com um cheiro forte. Uma assistente havia sido chamada, com certeza por motivos legais, e estava passando sais aromáticos no meu nariz. Quando "dei por mim", a enfermeira falou: "Você tem uma vagina curta. Acho que acertei o seu cérvix." Então desmaiei de novo, apesar de ninguém ter encostado em mim. Simplesmente apaguei como se ela tivesse apertado um botão de reset. Fiquei surpresa de não ter acordado falando espanhol como Buzz Lightyear. Quando acordei pela segunda vez, a enfermeira não estava disfarçando a irritação comigo. Eu tinha alguém que pudesse vir me buscar? "Não!", "Você vai ter que marcar outra consulta. Não consegui terminar o Papanicolau", "POR QUE NÃO TERMINOU ENQUANTO EU ESTAVA APAGADA?", gritei. Aparentemente, é contra a lei. Depois ela pediu para eu me apressar e ir embora porque ela precisava fazer um aborto na Willona de *Good Times*.

Todas as garotas devem ser tudo

Quando eu tinha 13 anos, passei um fim de semana na praia em Wildwood, Nova Jersey, com as minhas primas adolescentes Janet e Lori. No espaço de 36 horas, elas me ensinaram tudo o que sei sobre o mundo feminino. Elas sabiam como ficar "largadas" ao sol com óleo para bronzear em vez de protetor solar. Elas me ensinaram como fazer uma tatuagem espelhada no seu bronzeado se cortar o formato num Band-Aid e colar na perna. Me ensinaram que dava para ouvir *General Hospital* na rádio se você girasse todo o dial de FM para baixo.

Wildwood é uma praia enorme — a distância da toalha para a água era geralmente a mesma que a do hotel para a toalha. E, "naquela época", o lugar ficava repleto exclusivamente de ítalo-americanos muito, muito bronzeados e irlandeses-americanos muito, muito queimados. Como eu era criança, quase sempre me perdia dos meus pais e entrava em pânico tentando encontrá-los no meio de dezenas e dezenas de guarda-sóis parecidos.

Numa tarde, uma garota passou de biquíni e a minha prima Janet zoou: "Olha só esse quadril." Eu entrei em pânico. O que havia de errado com o quadril dela? Era grande demais? Pequeno demais? Como era o *meu* quadril? Eu não sabia que quadril era um problema. Achei que só havia gordas e magras.

Foi assim que descobri que existe um número infinito de coisas que podem estar "incorretas" no corpo de uma mulher. Em qualquer momento no planeta Terra, uma mulher está comprando um produto para corrigir as seguintes "deficiências":

- poros grandes
- zona T oleosa
- tornozelo gordo
- testão
- braço de merendeira
- mamilos grandes demais
- mamilos pequenos demais
- seios grandes demais
- seios pequenos demais
- um seio maior do que o outro
- um seio menor do que o outro (Como essas duas coisas são diferentes? Não sei.)
- sulcos nasolabiais
- "minha sobrancelha não é arqueada!"
- GEDAP (uma abreviatura encantadoramente grosseira para a barriguinha saliente abaixo da cintura)
- pneuzinhos
- varizes
- culote
- biscoitos de virilha (são aqueles triângulos molengos na parte interna da coxa)

- cílios curtos
- joelhos ossudos
- linha de cabelo baixa
- "sem panturrilha!"
- "minha pele tem um meio-tom verde"
- e a minha preferida: "cutículas péssimas"

Em retrospecto, tenho quase certeza de que Janet quis dizer que o quadril da garota era largo demais. Era o fim dos anos 1970, e aquela época era o paraíso para mulheres louras de lábios finos e olhos pequenos. Me lembro de ver *Three's Company* quando era uma garota pequena de cabelo castanho e pensar: "Sério? É isso mesmo? Joyce DeWitt é a nossa representante morena? Ela tem aqueles cabelos de cuia que parecem oleosos e eles a obrigam a usar um collant bege por baixo das camisas de futebol americano que ela usava para dormir." Eu tinha só uns 7 ou 8 anos, mas sabia que isso era vacilo. O padrão de beleza estava definido. Cheryl Tiegs, Farrah Fawcett, Christie Brinkley. Olhos pequenos, sorrisos largos, peitinhos, sem bunda, cabelo amarelo.

Vamos falar sobre os cabelos. Por que chamo de cabelo "amarelo" e não cabelo "louro"? Porque tenho quase certeza de que todos chamam meu cabelo de "marrom". Quando leio contos de fada para a minha filha, sempre troco a palavra "louro" por "amarelo", porque não quero que ela pense que cabelo louro é melhor de alguma forma.

A minha filha tem uma boneca reversível: a Bela Adormecida de um lado e a Branca de Neve no outro. Sempre coloco o lado da Branca de Neve na cama dela e ela vai e vira a saia para mostrar a Bela Adormecida. Viro de volta e digo: "A Branca de Neve é tão bonita!", e ela grita: "Não!", e vira de novo. Fiz essa experiência com tanta frequência e consistência que eu deveria ter pedido financiamento do governo. O resultado era sempre o mesmo. Quando eu perguntava por que ela não gostava da Branca de Neve, ela dizia: "Não gosto do cabelo dela." Ela não tinha nem 3 anos e já sabia que o cabelo amarelo reinava. E, vamos admitir, o cabelo amarelo tem poderes mágicos. Se você colocar uma peruca loura num ventilador, algum cara ia tentar trepar com aquilo. A Branca de Neve é mais atraente. Odeio criar confusão entre as princesas, mas se você tirar o cabelo da Bela Adormecida vai ver que ela é meio caída.

Claro que quando eu era pequena havia morenas lindas por aí — Linda Ronstadt, Jaclyn Smith, aquela cantora espanhola do *Lawrence Welk Show* —, mas elas eram vistas como uma alternativa divertida e exótica. Farrah era creme e Jaclyn era chocolate. Você se lembra de quando a cultura pop era tão branca que Jaclyn Smith era a chocolate?! Nos anos 1980, começamos a ver chocolates de verdade: Halle Berry e Naomi Campbell. "Downtown" Julie Brown e Tyra Banks. Mas acho que a primeira verdadeira mudança no corpo feminino veio quando a JLo lançou o estilo bunda grande. Pela primeira vez, ter medidas em larga escala na parte posterior fez parte do mainstream da beleza americana. As garotas queriam ter bunda agora. Os homens estavam finalmente livres para admitir que sempre curtiram. E então, o que pareceu ser *segundos* depois, bum — Beyoncé trouxe o coxão. Um capô de Fusca e pernas grossas e musculosas eram amplamente admirados agora. E, a partir desse dia, as mulheres abraçaram a diversidade e perceberam que todos os tipos e tamanhos eram lindos. Ha ha ha. Não, estou zoando com a sua cara. Tudo que Beyoncé e JLo fizeram foi acrescentar mais coisas à lista de atributos que as mulheres precisam ter para serem classificadas como lindas. Agora, toda garota precisa ter:

- olhos azuis caucasianos
- lábios carnudos espanhóis
- nariz clássico de botão
- pele asiática sem pelos com um bronzeado californiano
- bunda de dançarina de salão jamaicana
- pernas longas suecas
- pés pequenos japoneses
- abdômen de uma lésbica dona de academia
- quadril de um garoto de 9 anos
- braços da Michelle Obama
- e peitos de boneca

A pessoa que chega mais perto de se parecer com isso é Kim Kardashian, a qual, como sabemos, foi criada por cientistas russos para sabotar os atletas americanos. Todas as outras mulheres estão se esforçando.

Até as de cabelo amarelo, que um dia estiveram no topo, agora podem ser vistas se agachando ao ritmo de uma música da Rihanna numa aula chamada Acampamento Glúteo do Gary, numa tentativa de projetar inversamente um traseiro. Estamos vivendo em tempos difíceis, amigos. Nos meus dias de Wildwood com Janet, ou a pessoa era abençoada com um corpo lindo ou não era. E, se não fosse, podia relaxar e se dedicar a alguma coisa. Hoje em dia, se ela não é "gostosa", precisa investir nisso até que seja. É como quando você faz reformas numa casa e é legalmente obrigada a deixar uma das paredes originais intacta. Se você não tem um corpo legal, é melhor deixá-lo passar fome até chegar a um formato neutro, e depois é só acrescentar silicone nos seios, substituir os dentes, tingir sua pele de laranja, injetar silicone nos lábios, costurar cabelo na cabeça e se chamar de Playmate do Ano.

Como vamos sobreviver a isso? Como vamos ensinar às nossas filhas e aos nossos filhos gays que são bonitos o suficiente do jeito que são? Precisamos dar exemplo. Em vez de tentar me enquadrar num ideal impossível, fiz um inventário pessoal de todas as partes saudáveis do meu corpo pelas quais sou grata:

- Sobrancelhas gregas retas. Elas começam na linha do cabelo na minha têmpora e, se não forem bem-cuidadas, vão crescer atravessando o meu rosto em direção ao seu.
- Bunda com formato de coração. Infelizmente, é um coração de cabeça para cima; a ponta está para baixo.
- Olhos castanhos caídos projetados para confundir os agressores, fazendo com que achem que estou prestes a cair no sono e que devem voltar no dia seguinte para me comer.
- Ombros permanentemente curvados graças a anos trabalhando no computador.
- Barriga arredondada empurrada para frente pela minha postura curvada, não importa quantos abdominais eu faça. O que é essencialmente nenhum.
- Cintura alta e pequena.
- Chumaço de gordura na lombar que nunca foi embora, mesmo depois de eu ter perdido minha "gordurinha de criança". Um dia, nos próximos dez anos, essa gordura lombar vai se encontrar com a minha pança frontal, obscurecendo para sempre a minha cintura alta e pequena, quando me tornarei oficialmente a minha mãe.

- Pernas fortes com panturrilhas de professora de Educação Física graças ao fato de eu ter andado com os pés para dentro a vida inteira.
- Quadril alemão largo parecido com uma caixa de refrigerante envolvida em massa de biscoito.
- Pés do meu pai. Chatos. Ossudos. Pálidos. Não sei como ele anda por aí, porque os pés dele estão nos meus sapatos.

Eu não trocaria nenhuma dessas características pelas de ninguém. Não trocaria minha boca pequena e fina que parece com a do meu sobrinho. Não trocaria nem a cicatriz de acne na minha bochecha direita, porque aquela espinha recorrente passou mais tempo comigo na faculdade do que qualquer pessoa.

No fim do dia, fico feliz em ter os pés do meu pai e os olhos da minha mãe comigo o tempo todo. Se um dia eu voltar para a praia em Wildwood, quero que a minha filha possa me encontrar na multidão ao ver meu quadril de caixa de refrigerante. Quero que ela possa me identificar no meio do mar de mulheres louras parafinadas com bronzeado falso porque serei aquela com um rabo de cavalo grosso, de pele com tom esverdeado.

E, se um dia eu conhecer Joyce DeWitt, primeiro vou pedir desculpas por ter que imediatamente dar um soco na cara dela e depois vou agradecê-la. Porque, apesar de ela ser parecida com uma boneca da Liza Minnelli que foi estragada num incêndio, pelo menos ela não se parecia com todo mundo da TV.

Além disso, uma grande revelação, eu *trocaria* meus pés por praticamente qualquer outro par de pés no mundo.

Delaware County Summer Showtime!

(Todos os nomes nesta história foram modificados para proteger os fabulosos.)

País de Gayles

Em 1976, um jovem homem de família católico chamado Larry Wentzler inaugurou um programa de teatro para jovens intitulado Summer Showtime na minha cidade natal. É realmente um exemplo sensacional de programa comunitário. Jovens adolescentes faziam apresentações diárias do Children's Theater para a comunidade, criando acesso ao teatro para crianças por um preço muito baixo. Os jovens mais velhos dirigiam as peças do Children's Theater e se apresentavam em musicais estilo Broadway à noite. E, no meio disso tudo, as crianças aprendiam sobre música, arte, carpintaria, disciplina, amizade e trabalho em equipe. É um programa fantástico que existe até hoje, e é mais do que recomendado.

Larry não tinha planejado criar um lugar seguro para adolescentes gays, mas sabe como às vezes os esquilos comem no alimentador para pássaros? Larry construiu um lindo alimentador para pássaros e, quando deu por si, estava cheio de esquilos.

Eu comecei a trabalhar como gerente de caixa noturno no Summer Showtime porque o meu namorado do 3º ano disse que nos divertiríamos. Ele rapidamente terminou comigo para namorar uma dançarina loura gostosa com quem é casado hoje em dia, Deus abençoe todos nós. Eu deveria ter percebido que a gente não ia dar certo quando ele me deu um pacote de pipoca de microondas e um testador de pilha usado no meu aniversário de 17 anos. Sabe, aquele negócio para testar pilhas antes de colocá-las no Walkman. O tipo de coisa que se dá quando está apaixonado.

As primeiras noites sentada sozinha no caixa pós-término brutal não foram muito legais. Meu coração estava destruído e, porque ninguém tinha ar-condicionado central naquela época, para ficar num lugar refrigerado eu tinha que dormir aos prantos no chão do quarto dos meus pais. Então, assim como a Dorothy em *O mágico de Oz*, meu mundo passou de preto e branco para colorido. Porque, assim como a Dorothy em *O mágico de Oz*, eu fui abraçada pelos gays. Eles me amavam e me valorizavam. Eu era tão engraçada, tão cruel e tão madura para a minha idade! E, com meus grandes olhos castanhos, eu realmente parecia uma jovem ~~Judy Garland~~ Lorna Luft.

Antes do meu turno da noite, eu ficava de bobeira com o meu amigo Tim, que gerenciava o departamento de figurino. Tim tinha a voz mais alta e fina que eu já ouvira. Eu podia ficar horas ouvindo Tim desafinando "And I Am Telling You I'm Not Going" enquanto usava cola quente para montar o casaco tecnicolor maravilhoso do Joseph porque ninguém ali sabia costurar. Pais do mundo inteiro, este é o lugar onde a sua filha de 17 anos deve passar as férias — fazendo o sorvete sair pelo nariz de tanto rir. A única pessoa que era mais engraçada do que Tim era seu irmão mais cruel e esganiçado, Tristan. Uma família, dois irmãos impressionantemente gays.

Naquele verão, conheci quatro famílias cuja metade dos filhos era gay. Caso você se interesse por um ponto de vista sociológico, todas eram católicas e eram sempre quatro filhos, dois dos quais eram gays. O que o País de Gales é para os crooners, talvez seja o que a minha cidade natal é para os homossexuais — isso quer dizer que parece haver um número desproporcional deles e são os melhores do mundo!

Tristan me incentivava a falar mal daquela lourinha que tinha "roubado" o meu namorado. É claro que agora eu sei que ninguém consegue "roubar" nenhum namorado contra a vontade dele, nem a Angelina Jolie. Mas eu estava cheia de ciúme adolescente venenoso e inútil, o qual, quando combinado à sagacidade gay, acaba sendo viciante. Como metanfetamina de crueldade. E adivinha quem fez o papel do Joseph em *Joseph and the Amazing Technicolor Dreamcoat*, aliás? É isso mesmo, o grande Joe do testador de pilha. Eu tive o prazer de assisti-lo na peça todas as noites e depois ficava contando os canhotos numa sala de 1,20m enquanto ele e a loura iam comer pizza. Ele nunca teria dado uma porcaria de testador de pilha para ela. E, se tivesse dado, ela provavelmente enfiaria na vagina para tentar ligá-lo. (Era esse o tipo de crueldade que me aproximou do Tristan. Obviamente, é muito viciante.)

A coisa não declarada que eu e Tim tínhamos em comum é que gostávamos dos mesmos garotos. A única diferença é que eu podia falar sem fim sobre o que sentia e Tim semiestava no armário. Ninguém achava que ele era hétero, mas ele também não era "assumido". Ele com certeza nunca tentou chegar em ninguém. Suas paixonites se manifestavam de outras maneiras. Tim trabalhava num emprego de verdade na Macy's e às vezes usava o dinheiro que sobrava para, sabe como é, comprar uma luva de beisebol para Rick McMenamin. "Você disse um dia depois do ensaio que precisava de uma luva nova, então... Enfim", ele mudava de assunto. O legal é que os garotos héteros não surtavam com isso e com certeza ficavam com todos os presentes.

Muitas garotas adolescentes contam com as asas de garotos gays semiassumidos, mas quantas podem se gabar de que suas melhores amigas na escola eram lésbicas de 25 anos? Conheci Karen e Sharon no meio do nosso enorme auditório de mil lugares. A garota que comandava a cabine de luz, uma matuta chamada Rita, que só respondia quando a chamavam de "Reet", estava subindo de escada em escada para pendurar as luzes de *Mogli, o menino lobo* e xingando feito um marinheiro com um corte na córnea. Karen era a professora de improvisação e Sharon era a chefe de artistas cênicos, e nós três ficamos hipnotizadas pelo móbile giratório de profanação pendurado no teto. Era como olhar para uma jaula de macaco, só que você entende o macaco e o que ele está dizendo é: "Fodam-se todas essas pessoas filhas da puta do zoológico." Começamos a rir e fomos inseparáveis durante seis anos.

Karen e Sharon tinham sido um casal em algum momento não específico do passado, mas agora eram apenas amigas com cortes de cabelo assimétricos. Passamos dias e semanas sem fazer nada, ligando umas para as outras dez vezes por dia para marcar nossas "fazeções de nada". Uma noite toda podia ser composta de alugar um filme, como *O padrasto,* ou aquele em que aranhas saem do rosto do Martin Sheen, e fazer nachos. Você se lembra de como era um fenômeno cultural fazer nachos em casa? Se você tem menos de 30 anos, não deve nem ter noção de que havia uma época em que as pessoas não tinham nachos. A gente simplesmente comia biscoito.

Sabe aquela brincadeira chamada Celebridade que você e os seus amigos inventaram na faculdade? Bem, primeiro de tudo, vocês não inventaram nada. Foi desenvolvida pela NASA para manter as garotas virgens até uns quase 30 anos. E, segundo, nós jogávamos melhor porque jogávamos quatro noites por semana. Nós gastamos a brincadeira. "OK, é a personagem da Joan Collins na *Dynasty*", "Alexis!", "Não, o nome *completo* dela", "Alexis Carrington Colby Dexter!".

Quando finalmente cansávamos do jogo, lá pela meia-noite, nós partíamos para uma versão chamada Celebridade Rapidinha, na qual você só poderia escrever os nomes das celebridades com as quais você transaria. Brincar de Celebridade Rapidinha com dois caras semiassumidos, duas lésbicas e uma hétero acabava sendo muito fácil. O nome da Jodie Foster sempre aparecia quatro vezes. Antonio Banderas atraía todos os setores. "É aquela que sempre aparece...", "Princesa Stephanie de Mônaco!".

Meus pais nunca reagiram de forma negativa diante da parada gay que desfilou pela casa deles durante quatro anos. Eles acolhiam esses esquisitões (eles eram esquisitões em outros sentidos, não por causa da preferência sexual) e os alimentavam até passarem mal. Só uma vez minha mãe disse: "Aquela Karen é meio masculina, não acha?" Eu dei uma de ignorante: "Não entendi o que quer dizer!", e saí para uma noite de palavrões e nachos homossexuais.

Acho que eu também deveria declarar que Karen e Sharon nunca chegaram em mim, nem de longe, e nunca houve nada de estranho entre a gente. As pessoas gays não tentam converter as outras. Essas são as testemunhas de Jeová.

Ninguém virou gay por frequentar o Summer Showtime porque isso não é possível. Se você pudesse virar gay por estar perto de pessoas gays, Kathy Griffin já não teria virado Rosie O'Donnell? Os garotos héteros aprenderam rapidamente a aceitar os outros meninos, e as meninas héteros aprenderam *ao longo de vários anos* a parar de se apaixonar por meninos gays.

Quando agosto chegou, eu estava saindo da minha depressão. Eu fazia uma aula de dança de graça à tarde, onde a gente basicamente fazia passinhos de jazz de um lado para o outro no corredor. A professora me chamava de "Braços de Frankenstein" porque eu mexia o braço direito com a perna direita, como o Frankenstein. Já que meu namorado tinha me trocado por uma dançarina, foi um golpe. Mas eu persisti.

Eu era a pessoa mais nova no nosso grupo de amigos e sempre tinha hora para chegar em casa. Eu era famosa por surtar na hora de ir embora. Não importava se estivessémos na Citric's Choice, a lanchonete local, comendo palitinhos de queijo depois de um ensaio, ou na casa do Tim e do Tristan vendo *Acampamento Sinistro* — aquele com a garotinha demoníaca que na verdade tem um pênis —, quando eu tinha que ir embora, acabava com a festa. "Andem logo. Não quero ficar de castigo." Eu já era a Poderosa Chefona nos anos 1980.

Quando o verão acabou, eu tinha feito cerca de 25 novos amigos e não chorava mais na coberta da minha mãe. Mas a maioria dos jovens do Summer Showtime frequentava as escolas católicas da rua ou já tinha quase 30 anos, então eu não os via muito depois que as aulas começavam.

Depois do melhor verão

Tive que me inscrever na aula de educação sexual do 2º ano no 3º. Deixei de fazer no ano anterior para que pudesse ser do coral e participar do Encore Singers — era meio importante fazer as duas coisas, sei lá. Eu era contralto 1, mas às vezes me faziam cantar segundo soprano. Tive um solo na apresentação de "Noite Feliz" no shopping.

No centro de Filadélfia. Chega! Pare de perguntar sobre esse assunto!

O professor de educação sexual, o Sr. Garth, tinha um bigode grosso louro — o sinal universal de inteligência — e um sotaque rural da Pensilvânia que o fazia dizer "póça" em vez de "pôça" e "iumano" em vez de "humano". Um dia, o que espero que tenha sido uma despedida do seu tempo como professor estadual, ele dedicou uma aula inteira a nos ensinar "como identificar e evitar os homossexuais". Eu não acreditava no que estava ouvindo.

Não sei o que aconteceu com esse cara na faculdade de pedagogia de Antraxitenópolis, mas ele tinha algumas *opiniões*. "Esses homossexuais vão enganar vocês. Vão descobrir que tipo de música vocês gostam, que tipo de chocolate vocês gostam, depois vão chamar vocês para irem para a casa deles." Enquanto eu ouvia, incrédula, não conseguia deixar de imaginar um jovem Sr. Garth sendo seduzido por Paul Lynde a entrar numa Kombi. "Ei, filho, meus amigos e eu vamos para a floresta curtir Jethro Tull e comer umas barras de chocolate. Está interessado?" Ah, que vergonha deve ter sentido o Sr. Garth quando "Minstrel in the Gallery" chegou ao fim e ele percebeu que aquilo não era um chocolate! Mas não tinha como voltar atrás. Ele já havia comido metade.

Meu sangue começou a ferver enquanto ele continuava. "Se você está conversando com alguém e acha que essa pessoa pode ser homossexual, saia correndo. Saia dali e conte para o adulto mais próximo." Fiquei na sala depois que a aula terminou para dizer a ele que eu achava que ele estava enganado. "Acho que a expressão que o senhor queria dizer era 'molestador infantil', e não 'homossexual'". Ele ficou observando as minhas mãos se mexerem enquanto eu falava, tal como um cachorro. Ficou claro para mim que a minha vida escolar e a minha vida no Showtime estavam separadas.

A melhor festa de Ano-Novo de todos os tempos

A linha entre amigos do Showtime e amigos da escola foi quebrada na noite de Ano-Novo de 1987.

Meu amigo Brendan do Summer Showtime ia dar uma festa de Ano-Novo. Brendan era um garoto muito dramático que me dizia coisas como: "Você já pensou que o homem que fez isso com o seu rosto talvez tenha feito para *marcar* você, para poder encontrar você depois na vida?" Entendeu o que quis dizer antes sobre a pergunta ser um reflexo do perguntador? Quando Brendan se perdia num discurso longo e dramático, ele sempre calava a boca se você dissesse: "Gostei desse monólogo. É do *Noite de desamor*?"

Ele tinha um rosto lindo com lábios bicudos e aquele cabelo arrumadinho que era popular na reeleição do Reagan. Ele era o artista cênico que estava logo abaixo da Sharon e fazia coisas como pintar todo o chão do palco uma hora antes da apresentação (estragando os shorts brancos que as crianças tiveram que trazer de casa para fazerem parte do refrão de "Free to Be... You and Me"). Depois ele desapareceria durante dois dias, emergindo com uma carta de dez páginas pedindo desculpa. Ele era um caos, e sua festa de Ano-Novo ia ser sensacional.

Eu era abstêmia na época, e nenhum dos meus amigos mais próximos bebia muito. Fui com Karen e Sharon, e o lugar já estava lotado quando chegamos. A cozinha e a sala de jantar estavam cheias dos amigos atléticos da escola católica do Brendan; a sala de estar estava cheia de nerds do teatro. A mãe do Brendan tinha se trancado no quarto no andar de cima. Havia um cocô de cachorro sem dono no corredor em frente ao banheiro.

As pessoas se sentaram em grupos pequenos, falando sobre outros grupos pequenos que estavam um pouco mais distantes. Meu ex e a dançarina apareceram rapidamente, mas eu mantive a cabeça erguida. Eu estava usando o meu melhor casaco gola rolê da Gap e as minhas acompanhantes eram duas lésbicas adultas, então é isso mesmo, eu estava arrasando.

Os jovens do Summer Showtime passavam nervosos entre os atletas para chegarem aos Doritos. A "namorada" católica resignada do Brendan, Patty, tentou fazer a ponte entre os dois grupos. Uma garota fofa e tímida com um cabelo curto enrolado e um rosto tão irlandês quanto um *scone*, Patty parecia ser a única pessoa da festa que não tinha sacado qual era a do Brendan — até o cachorro da família já tinha registrado novamente sua desaprovação no chão da cozinha.

Brendan e eu nos encontramos no quintal da frente. Ele parecia estar num estado de espírito particularmente Oscar Wilde. "Posso beijar você?", ele perguntou. Claro, quem se importa? Depois de um beijo carinhoso, ensaiado, sem língua, Brendan "se assumiu" para mim do nada. Na minha experiência, a coisa mais difícil quando alguém "se assume" para você é a parte em que "finge que está surpreso". Você quer que ele sinta que o que está dizendo é um Choque. Por exemplo, se alguém conta para você que está grávida, você não diz: "Reparei que você está comendo como uma porca ultimamente." Seu amigo gay obviamente tomou a grande decisão de botar tais palavras para fora. Você não quer que ele perceba que todo mundo já sabia disso desde que ele tinha 10 anos e queria se fantasiar de Bert Lahr no Dia das Bruxas. Não de o Leão Covarde, o próprio *Bert*

Lahr. "Ai, meu Deus, mentiiiiira!" Você dá uma enrolada, tentando pensar em algo mais substancial para dizer. "Todo mundo está, tipo, surtando? Que... Nossa."

Brendan obviamente tinha decidido fazer da festa a sua estreia, e ele vagava pela multidão, apresentando seu show de um homem só em vários lugares.

Entediada, tentei me pegar com Victor Anthony, um garoto hétero que era bonitinho, mas meio babaca. Ele era o mingau de trigo da pegação. Eu experimentava de vez em quando, achando que podia gostar, mas, toda vez: não. Ele realmente beijava muito mal. Era como se ele fizesse uma caça ao tesouro na sua boca. O beijo ensaiado do Brendan era muito mais habilidoso.

Voltei para dentro da casa e fiquei com Karen e Sharon na sala de estar teatral, onde Brendan estava bem envolvido no segundo ato de "revelação". O time de futebol americano da Monsignor Bonner estava observando da sala de jantar, ouvindo tudo aquilo. "Um brinde a estar livre das expectativas dos outros", Brendan monologava, "e por amar quem você quiser". Ao fundo, Patty cara-de-*scone* estava timidamente distribuindo porta-copos. Jesus, ela realmente não estava pegando o espírito da coisa.

Por incrível que pareça, a noite estava ficando muito chata. Mas, então, aconteceu.

Uma das garotas bêbadas do lado Archbishop Prendergast da festa foi parar no lado Showtime e começou a se pegar com Alexis Catalano. Todos ficaram imóveis. Patty observou, com a cara de *scone*. Foi um evento sem precedentes. Brendan até que falava bem, mas essas duas estavam se agarrando — em público! Isso foi anos antes de todas as cantoras pop do mundo começarem a dar uma de lésbica no VMAs. Ninguém fazia isso. O que aconteceria depois?

Karen e Sharon entraram no modo adulto protetor e separaram as duas garotas *doidonas* e as levaram para um lugar menos público no andar de cima.

Foi quando a mãe do Brendan — que não fazia ideia do que tinha acontecido — começou a gritar e a jogar os casacos das pessoas pela escada, o que, a partir de agora, será chamado de "Um boa-noite irlandês".

A mãe do Brendan pode ter aperfeiçoado a minha atitude de "acabar com a festa", mas isso não me impediu de usá-la num nível amador. Fui atrás das quatro mulheres lá em cima, desviando das parcas voadoras, porque já eram quase duas da manhã: minha hora estendida especial de Ano-Novo para chegar em casa. Karen era a minha carona e a gente precisava se apressar. Alexis e a atleta estavam tão bêbadas que mal conseguiam falar. Karen e Sharon tentaram convencê-las de que era hora de ir embora. Elas as levariam para casa. "Nããããão, eu amooooo elaaaaa", a atleta chorava enquanto Karen a ajudava a vestir o casaco. Eu disse que estaria esperando no carro e que elas precisavam ser *rápidas*.

Enquanto isso, Brendan saiu batendo a porta da casa e pegou o carro, furioso — provavelmente porque ele tinha "perdido a plateia" quando duas garotas começaram a se pegar freneticamente.

Depois de esperar vinte minutos no carro e estar atrasada para chegar em casa, eu não conseguia mais me controlar. "Bota essas sapatas no carro!" Gritei na Childs Avenue, batendo meu sapato no painel do carro, deixando uma leve rachadura. Meu marido pode dizer que ainda fico descontrolada assim quando quero sair de casa num sábado de manhã e ninguém da família está calçado. Não é uma ótima qualidade.

(E, caso você estivesse se perguntando, é isso mesmo — quando voltou mais tarde, Brendan tentou atropelar Patty e a mãe dele com carro. Acredito que ele tenha sido indicado para um prêmio Tony de Teatro Regional.)

O segundo verão

No meu segundo ano no Summer Showtime, fui promovida para ser uma das diretoras do Teatro Infantil. Eu dirigia apresentações com um elenco de sessenta crianças de 12 anos e, vou me gabar, fiz algumas escolhas de direção interessantes. Tal como empurrar a Pequena Sereia numa cadeira de escritório coberta de papel machê para parecer uma concha. O cabelo dela só ficou preso nas rodas duas vezes.

Eu conhecia todo mundo. Estava completamente imersa. "Imersa", Brendan diria. "Você é tão inteligente! Por que não conheço mais pessoas que usem palavras como 'imersa'?" E depois ele sumia por dois dias. Pensando bem, talvez ele fosse alcoólatra.

O irmão da Sharon, Sean, foi o nosso "diretor convidado" para o musical do palco principal. Todos o chamavam de Ator Sindical Sean Kenny. Ele era membro do sindicado de atores! Ele estava vivendo o sonho num conjugado de porão cheio de ratos em Hell's Kitchen. Estávamos todos orgulhosos.

Sean era e ainda é um diretor habilidoso e confiante. Estava animada para ser assistente de direção dele num musical policial chamado *Something's Afoot*.

Minha primeira função como assistente de direção era me certificar de que ele não escalaria a dançarina loura talentosa que tinha roubado meu namorado com tanta facilidade no verão anterior. Consegui esse feito com a manipulação persistente e habilidosa de uma vaca de primeira. Criei argumentos articulados sobre por que a outra loura seria melhor. A Dançarina era "escalada excessivamente". Seria mais empolgante "usar uma pessoa inesperada", e o "visual" da outra garota era "mais britânico". Um bando de porcaria, mas deu certo. A Dançarina foi rebaixada a fazer o papel principal numa apresentação do Teatro Infantil chamada *Guess Again*. Isso mesmo, sua personagem e a apresentação se chamavam *Guess Again*. Um castigo cruel.

Obviamente, como adulta, eu tenho noção de que essa sabotagem entre garotas é o terceiro pior tipo de comportamento feminino, logo atrás de dizer "tipo" o tempo todo e abandonar seu bebê no lixo. Tenho orgulho de dizer que eu nunca sabotaria uma outra mulher assim hoje. Nem mesmo se Christina Applegate e eu estivéssemos brigando pelo papel de mãe do Vince Vaughn numa comédia milionária chamada *Cervejeiros*.

Sean e eu fomos mentor e aprendiz naquele verão. Eu tinha 18 anos, ele tinha 27. Sean me ensinou muito sobre dignidade profissional. Por exemplo, isso foi na época em que "chamada em espera" era uma coisa nova, e se você deixasse Sean esperando por mais de dez segundos, ele desligava. E o nosso musical foi um sucesso! Nas duas noites! A festa da peça foi num quintal com luminárias de papel. O elenco e a equipe se entrosaram. Foi muito glamouroso.

O ex-aluno do Summer Showtime, Richard D'Attelis, estava lá. A minha amiga Vanessa tinha ido ao baile do 9º ano com Richard D'Attelis, e ele foi buscá-la usando uma camisa de beisebol customizada com uma foto da Olivia Newton-John. Estava escrito "Olivia Newton-John" em relevo na frente e "Gostosa!" atrás. Richard foi o primeiro dos garotos do Showtime a se assumir timidamente depois de estudar na Escola de Artes Pennsylvania Governor, uma escola intensiva de artes do estado que deveria se chamar Academia de Boquete Pennsylvania Governor. Imagine um bando de garotos do teatro de 17 anos longe de casa durante seis semanas pela primeira vez. Eles moravam em dormitórios de faculdade, pelo amor de Jesus! Literalmente! Pense na alegria e na liberdade que devem ter sentido, era como estar numa estação espacial completamente gay. (Tenho certeza de que havia um ou dois meninos héteros também, e imagino que se deram superbem com as duas únicas meninas héteros.)

Sean estava flertando com Richard. Estávamos sentados numa mesa de piquenique, e percebi que eles estavam trocando carinhos com os pés embaixo da mesa. Não consegui conter a minha crítica. "O que vocês estão fazendo?", perguntei, tentando ser engraçada e controladora ao mesmo tempo. Eles me ignoraram. Richard se levantou para pegar um refrigerante. Me virei para Sean. "Ele é tão cafona e nojento!" A minha técnica de poder da sugestão tinha funcionado tão bem quando eu estava ferrando aquela loura. Usei todas as munições ao meu alcance. "Ele fuma, sabia?" Enquanto a noite passava, não saquei nada. Fiquei na mesa com duas pessoas que iam obviamente se pegar. Tentei trocar um olhar sarcástico quando Richard contou para Sean sobre seu sonho em transformar *Xanadu* numa peça. Como se isso fosse dar certo.

Na minha cabeça, eu estava fazendo um favor ao Sean ao tentar impedi-lo de ficar com alguém lamentável. "Ai, meu Deus. Você sabe que ele só tem, tipo, *20 anos*." Sabotando *e* dizendo "tipo". Eu estava mal mesmo.

Sean me deu uma olhada. Eu tinha passado dos limites. Uma coisa é você ser uma adolescente precoce engraçada que anda com pessoas de 27 anos. Outra é você atrapalhar a vida sexual de um homem adulto.

Não sei o que aconteceu entre Richard e Sean naquela noite mas, no dia seguinte, Sharon me ligou para dizer que Sean tinha se irritado muito com o meu comportamento. Ela disse que o tinha acalmado porque "todos tinham percebido" que eu era apaixonada pelo Sean. "É normal." *Todos* tinham percebido? Todos estavam falando sobre como eu era infantil e que eu deveria estar apaixonada pelo Sean? "Não estou." Chorei de pura vergonha. "Eu realmente não estou." Mas, quanto mais eu protestava, mas eu parecia culpada. E aqui, depois de 27 anos, está a verdade. Eu realmente não era apaixonada pelo Sean. Eu tinha reagido daquela forma porque senti visceralmente que o que eles iam fazer era nojento. A dor de estômago que senti não tinha nada a ver com uma paixonite. Tive que encarar o fato de que estava usando meus amigos gays como acessórios. Eles sempre tinham que ser engraçados, me divertir, me elogiar, ouvir os meus problemas e a vida pessoal deles tinha que ser um segredo que ninguém precisava saber. Eu queria que eles ficassem no "semiarmário".

O Ator de Sindicato Sean Kenny não vivia no semiarmário. Ele tinha se mudado para Nova York e estava aqui só de visita. Ele era um homem crescido. A minha reação ao fato de ele ficar com Richard D'Attelis me fez sentir como o Sr. Garth. Passei a mão no meu bigode grosso louro e pensei no que tinha feito.

Foi uma grande e vergonhosa revelação adolescente. Deve ser como os garotos héteros se sentem quando percebem que aqueles seios dos quais gostam vêm com uma cabeça acoplada.

Achei que sabia tudo depois daquele primeiro verão. "Ser gay não é uma escolha. Os gays foram feitos como são por Deus", briguei com o Sr. Garth com orgulho. Mas demorei um ano inteiro para entender a segunda parte: "Os gays foram feitos como são por Deus, *mas não simplesmente para me divertir*." Não podemos esperar que nossos amigos gays estejam sempre solteiros, celibatos e chegando cedo com ingredientes para fazer nachos. E já está mais do que na hora de deixar essas pessoas se casarem.

Antes da apresentação final do verão, todos os jovens eram convidados para subir no palco e cantar "Fill the World with Love" do *Adeus, Mr. Chips*. Todo mundo se debulhava em lágrimas. Parecia o fim de um acampamento, e imagino que alguns desses jovens, ao voltarem para a escola, tinham mais a temer do que tédio e aula de educação sexual.

Com seu sonho de um programa teatral para jovens, Larry Wentzler, sem querer, tinha feito uma coisa maravilhosa para todos aqueles seres. Eles tinham um lugar onde ficavam à vontade e, mesmo que tenha sido por não querer lidar com o fato de serem diferentes, ele não os tratava de maneira diferente. É o que considero uma implementação muito bem-sucedida do cristianismo.

Devíamos nos esforçar para fazer a nossa sociedade ser mais como o Summer Showtime: na maior parte do tempo, uma meritocracia, apesar de algumas traições maldosas. Todos terão espaço no refrão. Tragam o short branco de casa.

Esse é o Don Fey

Vamos rever as técnicas sem custos adicionais que aprendemos até agora para criar um adulto virgem obediente, livre de drogas e que busca o sucesso: Calamidade, Elogios, Teatro Local e pés chatos.

Outro elemento essencial é "Uma figura paterna forte/amedrontadora".

Meu pai se parece com o Clint Eastwood. Seu rosto imóvel meio-escocês, meio-alemão, é bonito, porém assustador. Procurei por ele na plateia durante a apresentação do coral no 7º ano e, ao ver sua expressão austera, fiquei convencida de que ele tinha me visto errar a letra do tema de *Happy Days* e que eu estava ferrada. Passei o resto da apresentação suprimindo arrotos de terror, só que acabei ganhando um abraço e um beijo depois. Demorei anos para entender que, ah, a cara dele é assim mesmo.

É a minha cara também, aparentemente. As maçãs do rosto que foram descobertas mais tarde por uma equipe de escavadores gays são cortesia do meu pai.

Don Fey sabe se vestir. Tem um olhar artístico para misturar cores e estampas. Usa blazers de tweed por cima de coletes de malha no inverno e ternos de linho no verão. Seu anel granada de faculdade destaca suas mãos bem-cuidadas. Ele ainda arrasa de chapéu.

Meu pai parecer ser "alguém". Um dia, quando eu o estava visitando na hora do almoço, ele encontrou dois amigos da escola no centro da Filadélfia. "Oi, Don Fey!", gritou um dos caras do outro lado da rua. "Meu Deus, Don Fey", disse o outro cara todo animado. As duas secretárias afro-americanas que estavam esperando no sinal com o meu pai sussurraram conscientemente uma para a outra: "É o *Don Fey*."

Antes de eu nascer, minha mãe levou meu irmão para a Grécia para passar o verão todo visitando a família. Quando finalmente voltaram, meu pai lavou e encerou seu Chevy conversível, vestiu seu melhor terno lustroso e dirigiu da Filadélfia para o aeroporto internacional de Nova York para buscá-los. (Naquela época, fazer viagens internacionais significava se arrumar, fumar no avião, usar chinelinhos da Pan Am e aterrissar em Nova York.)

O voo deles ia chegar de manhã bem cedo, então Don Fey, que nunca se atrasa para nada, chegou ao aeroporto logo antes do amanhecer. Ao vestir seu chapéu estiloso e atravessar o estacionamento

deserto em direção ao terminal, ele viu dois homens negros vindo de longe. Ele deu uma de indiferente para esconder sua apreensão. Ele estava em Nova York, afinal, uma das cidades mais perigosas do mundo se você é de qualquer outra cidade e, de longe, no escuro, ele não sabia dizer se os caras eram funcionários do aeroporto ou vagabundos.

Ao chegarem mais perto, meu pai percebeu que eles estavam olhando para ele de cima a baixo. Ele permaneceu indiferente. Don Fey cresceu no oeste da Filadélfia, onde vivia tranquilamente como uma minoria caucasiana. É claro que esses caras não tinham como saber disso. Seu coração estava batendo um pouco mais rápido enquanto eles se aproximavam, agora a dez passos de distância.

Os caras olharam para ele atentamente, então um virou para o outro e disse: "Esse sim é um cafetão corajoso e sinistro."

Esse é o Don Fey. Ele é simplesmente sinistro. Foi decifrador de códigos na Coreia do Norte. Foi bombeiro na Filadélfia. É um aquarelista habilidoso. Escreveu dois romances policiais. Aprendeu grego sozinho tão bem que, quando foi comprar ingressos para a Acrópole, o docente disse: "δε γραχα παρα χιδαδαοσ γρεγοσ." (É de graça para cidadãos gregos.)

Os garotos da vizinhança se juntavam na nossa varanda só para ouvi-lo xingando no jogo dos Phillies. (Andy Musser falava demais da conta. Os jogos geralmente "acabavam" no sexto inning. "Essa porcaria de jogo acabou. Os filhos da puta se acovardaram.")

Quando assistia aos Flyers, ele mudava de canal durante os comerciais e sempre sabia *exatamente* quando voltar ao canal para pegar o início da jogada. Quando meu primo expressou sua admiração pela habilidade, meu pai foi casual: "É só esperar noventa segundos." Peraí, o cérebro de todo mundo não é igual a um relógio suíço?

Don Fey é um republicano dos tempos do Goldwater, que é sua única opção. Se você é o Don Fey, não tem como olhar para Joe Biden e querer ser liderado por esse senhor com os dentes de porcelana. Você não vai dar ouvidos a John Kerry fingindo demonstrar empatia sobre o aumento do preço dos seus remédios. Você, com certeza, não está interessado nos "problemas paternais mal-resolvidos" que impediram Bill Clinton de manter o zíper fechado. Don Fey não vai aturar esse tipo de coisa. Don Fey é um adulto! Os negros o consideram estiloso!

Don Fey tem atitudes raciais que eu descrevo como pré-Norman Lear. Depois que a família Bunker conheceu os Jeffersons, toda interação entre negros e brancos deveria ser uma lição de vida, principalmente para os brancos. A minha geração carrega isso, só para ser constantemente decepcionada por Kanye West e Taylor Swift.

A casa em que eu cresci ficava do outro lado da rua da fronteira do bairro de West Philadelphia, onde Don Fey cresceu. Don Fey com certeza tinha amigos de outras raças e religiões. Ele me contou algumas vezes sobre a noite em que beijou Lionel Hampton. Ele estava num show de jazz quando era adolescente numa plateia só de brancos. Num certo momento do show, Lionel Hampton convidava uma mulher da plateia para dançar com ele, mas as garotas brancas tinham medo de serem vistas dançando com um homem negro. Para diminuir a tensão, Don Fey se manifestou e dançou com o Sr. Hampton. Quando acabou, Lionel Hampton deu um beijo na testa dele e todos aplaudiram.

Por outro lado, ele dizia coisas como: "Se você vir dois garotos negros andando com uma bicicleta só, guarde a sua bicicleta na garagem." Isso não era racismo, era experiência. Esses garotos estavam *realmente* vindo de West Philadelphia para roubar bicicletas. Os fatores sociais que causaram esse comportamento eram irrelevantes para um filho da Depressão. Quando se cresce ganhando uma laranja de Natal, você vai garantir que a bicicleta de 25 dólares que comprou para a sua filha não será roubada.

Norman Lear talvez quisesse que a gente parasse para entender que esses garotos estudaram em escolas mal administradas e que seus pais, apesar de serem carinhosos e dignos, não foram capazes de supervisionar o comportamento dos filhos porque ambos estavam no trabalho ganhando um salário mínimo, mas, até chegar aí, a nossa bicicleta já havia sido roubada.

O fim dos anos 1970 foi uma época sombria de "reuniões de família" sobre "segurar as pontas". A vergonha do Watergate foi seguida diretamente pela crise de reféns do Irã. Three Mile Island ficava no nosso estado. Era sempre o "Dia 27" de alguma coisa no Beirute. Houve uma infestação de mariposas ciganas que mataram as árvores da nossa vizinhança.

Me lembro claramente da época em que a crise da gasolina, a administração Carter e "a propaganda liberal apelativa do Alan Alda" estavam começando a pesar na dignidade cotidiana de Don Fey.

Em um sábado, meu pai inventou que tinha que alugar um limpador de tapete no Pathmark e limpar os nossos carpetes. Expressou esse desejo para a minha mãe, que disse casualmente: "Argh, essas coisas nunca funcionam." Ainda tínhamos metade de um frasco de sabão para tapete da última tentativa dele. Mas Don Fey não tinha como ser dissuadido, e eu, sua serva fiel, fui com ele. Nós alugamos o limpador, compramos um frasco novo de sabão e colocamos tudo na mala do Catalina.

Quando chegamos em casa, me mandaram brincar do lado de fora para que meu pai pudesse limpar todo o primeiro andar. Eu mal havia alinhado os meus bonecos de *Guerra nas estrelas* no pedaço de terra perto dos degraus do porão, também conhecido como Tatooine, quando ouvi uma comoção lá dentro. Meu pai estava xingando. Objetos estavam sendo jogados de um lado para o outro. Fiquei com dor de barriga no mesmo instante.

A porta de tela abriu com força. Os dois frascos de sabão foram jogados na varanda dos fundos. O limpador de tapete veio sendo arrastado pela porta de trás numa confusão cheia de nós.

"A sua mãe... é uma bruxa!", gritou meu pai ao sair de casa. Ele quis dizer isso literalmente. "Ela me amaldiçoou!" No fim das contas, o limpador de tapete alugado não tinha funcionado. "Essa porcaria está com defeito."

"Com defeito" era uma expressão muito usada lá em casa. Muitas coisas foram rotuladas "com defeito" e, no fim, elas milagrosamente funcionavam quando as instruções eram lidas com mais cuidado. Se eu tivesse que citar as duas expressões que mais associo ao meu pai entre 1970 e 1990, estas seriam "com defeito" e "injustificável". Deixar a luva de beisebol no carro do vizinho? Injustificável. Não saber que "a gente" são duas palavras? Injustificável. A máquina seltzer que a gente ia usar para fazer refrigerante em casa? Com defeito. A placa do show dos Beach Boys no dia 4 de julho com erro de digitação que dizia "From Sea to Shin*n*ing Sea"? Injustificável. Richie Ashburn ainda não estar no hall da fama do beisebol? *Bullshit*. (Don Fey tinha um carimbo de borracha enorme que dizia "bullshit", o que sempre foi e ainda é sensacional.)

Era esperar muito que o resto do mundo se importasse com a gramática ou que prestasse atenção nos detalhes? Alguém no Pathmark não tinha que verificar se os limpadores de tapete estavam funcionando?

Ele desceu os degraus da parte de trás da casa com o limpador defeituoso nas mãos, a mangueira balançando de propósito só para irritá-lo. Havia uma água espumenta dentro, se mexendo toda, zombando do sonho dele de ter uma casa limpa. "Filho da puta!" Ao sair de ré com nosso carro gigante e passar pela inclinação de cinquenta graus da nossa entrada arranhando o para-choque, ele gritou: "Pegue o frasco de sabão. Vamos." Eu ia junto de volta para o Pathmark? Maravilha. Olhei para os dois frascos idênticos de detergente para tapete na varanda dos fundos. Um deles era novo e podia ser devolvido. O outro estava lá havia seis meses e pela metade. Mas qual era qual? Eu não sabia! Eles eram opacos. Eu conhecia essa palavra porque estava no Programa Para Gênios, mas isso não me ajudava naquele momento. *Por que eu não peguei os dois para ver qual era o mais pesado? Por que eu não simplesmente levei os dois?* Eu nunca teria entrado no Programa de Bom Senso. Meu pai buzinou para me apressar. Peguei um dos frascos e saí correndo para o carro.

Fomos num silêncio tenso até o Pathmark. E, aliás, hoje em dia eu entendo. Sou uma mãe que trabalha e entendo que às vezes é preciso ter um sábado muito produtivo para sentir que controla sua própria vida, o que, é claro, você não controla. Os filhos e Jimmy Carter estragam todos os seus planos mais bem feitos. E então a sua esposa faz uma espécie de feitiço maligno?! Injustificável.

Segui meu pai enquanto ele entrava furioso no Pathmark para explicar para eles que tipo de país os Estados Unidos deveriam ser. Ele pegou o frasco da minha mão para colocar no balcão do serviço ao consumidor, e seu rosto ficou vermelho quando sentiu o peso. Eu tinha pegado o que estava na metade.

E esta era a indignidade da economia de 1979 — não tínhamos dinheiro para deixar três dólares passarem. É claro, depois que o boom da internet veio nos anos 1990, todos nós começamos a jogar fora o enxágue bucal na metade porque queríamos experimentar o novo sabor de canela-menta. Comprávamos chá de camomila no Starbucks e não bebíamos tudo. Mas não o Don Fey. Não em 1979. Ele ia ter que voltar para casa para pegar o outro frasco e devolvê-lo. "Espere aqui", disse ele com uma voz abafada.

Ele me deixou no fim do corredor de Básicos. Fiquei lá parada, segurando as lágrimas, praticamente certa de que era ilegal deixar sua filha de 9 anos no Pathmark. Infelizmente, eu estava usando uma camisa polo vermelha e short. Com meu cabelo curto e uma estrutura fofinha, pelo menos três senhoras me confundiram com um funcionário do supermercado. "Rapazinho, onde ficam as ameixas?"

Eu só espero um dia poder assustar a minha filha assim. No momento, ela não tem nenhum medo do meu marido nem de mim. Considero isso um problema. Eu tinha ido para casa pela primeira vez depois de ter entrado na faculdade e meu pai disse: "Você vai sair às 10 horas da noite? Acho que não", e eu só ri e disse: "Não tem problema." Acho que a minha filha vai fazer isso comigo quando tiver 6 anos.

Como posso dar a ela o que Don Fey me deu? O dom da ansiedade. O medo de ficar de castigo. A sabedoria que, apesar de ser amada, você não está acima da lei. O Sistema Mundial de Ansiedade Parental está falhando se tantos de nós fizemos vídeos pornôs.

Quando eu era pequena, havia um comercial na TV que passava durante os desenhos de sábado de manhã com uma música que era assim: "A pessoa mais importante do mundo todo é você, e você mal se conhece. / Você é a pessoa mais importante!" Não é a pior coisa que se pode infundir numa criança? Ela é a *pessoa mais importante? No mundo?* As crianças já acham isso. É preciso ensiná-las o oposto. Elas precisam ter um pouco de medo do que vai acontecer se elas perderem a tampa da garrafa térmica do Grizzly Adams.

Don Fey é da Geração do Silêncio. Eles são diferentes dos filhos. Eles não "negociam". Eles não sentem mais "lealdade" pela Barnes & Noble do que pela Borders. Se você disser ao Don Fey que nunca vai ao Burger King, só ao McDonald's, porque você "cresceu com o Papa Burguer", ele te olharia como se você fosse um imbecil.

Quando meu rosto foi retalhado, meu pai me segurou no colo no carro a caminho do hospital, aplicando uma pressão direta com a calma ágil de um veterano e ex-bombeiro. Olhei para cima e perguntei: "Eu vou morrer?", "Não fale", disse ele. Então, ele não é o tipo de cara que quer ver as pessoas comendo insetos no *Survivor*. É tão claro para mim agora como essas duas coisas estão relacionadas.

Meu pai me visitou no trabalho ao longo dos anos, e reparei que homens poderosos reagem de uma maneira estranha quando o conhecem. Eles "se renunciam". A primeira vez que Lorne Michaels conheceu meu pai, ele disse depois: "Seu pai é... impressionante." Eles conhecem Don Fey e isso reorganiza alguma coisa no cérebro deles sobre mim. Alec Baldwin o encarou fixamente e o cumprimentou com firmeza. "Esse é o seu pai, então?" O que será que estão percebendo? Me pergunto. Que é bom não mexerem comigo, senão Don Fey vai gritar com eles? Que eu espero muito dos homens da minha vida porque tenho uma figura paterna forte?

Só o Colin Quinn foi direto sobre isso. "Com o seu pai, não rola palhaçada. Você nunca voltaria para casa com uma tatuagem tribal se morasse com ele."

Esse é o Don Fey.

Escalando a montanha Old Rag

Quero começar dizendo que na Universidade de Virgínia, em 1990, eu era mexicana. Quer dizer, eu parecia ser mexicana do lado de 15 mil colegas de classe louros de olhos azuis, e a maioria deles tinha cavalos ou pelo menos se assemelhava a eles.

Eu cresci sendo a garota "mais branca" numa vizinhança muito grega mas, aos olhos dos meus novos colegas de classe, eu era a Frida Kahlo de legging.

Para muitas pessoas, a faculdade é uma época de experiências sexuais e descobertas, e eu não era nenhuma exceção. Depois de uma série de experiências malsucedidas com homens caucasianos, descobri que *realmente* gosto de homens caucasianos.

E eu quero dizer *caucasiano*. Talvez seja a minha maneira de rejeitar a minha criação helênica, mas gosto de pele branca, com atitudes levemente antiquadas e algum conhecimento sobre pesca. Se eu for sincera comigo mesma, posso admitir que sei disso desde que vi Larry Wilcox andar de moto — na parte de trás de um caminhão-plataforma — na Pacific Coast Highway. Eu gosto de rapazes brancos.

Deu supercerto para mim na faculdade porque, que garoto de 19 anos de Virgínia não ia quer uma garota grega sarcástica de quadril largo com um cabelo curto e com permanente na parte de cima? O que você disse? Nenhum deles quer isso? Você tem razão. Então passei quatro anos tentando encantar os desinteressados. (Acho que foi um bom treino para a minha futura carreira num programa de TV com baixa audiência.) Eu não conseguia descobrir o que fazer. Eu não tinha como competir com as meninas das irmandades com seus longos rabos de cavalo louros e brincos de argola. Tentei encontrar um garoto branco que quisesse se rebelar, mas eu não era exótica o suficiente para ser uma "primeira" empolgante. Eu não era coreana, nem afro-americana, nem mexicana de verdade. Eu só não era completamente branca.

Percebi que a minha situação era complicada no início do primeiro ano. Não dizemos "calouro" nem "veterano" etc. na UVA porque o Sr. Jefferson achava que a educação era um processo eterno. Thomas Jefferson — outro garoto branco lindo que não teria se interessado por mim. Resumindo, este era o meu problema: para se dar bem em Charlottesville, você precisava ser como Martha Jefferson ou Sally Hemings.

Durante meu primeiro ano, eu era apaixonada por um garoto inteligente de cabelo preto do meu dormitório. Essa situação se desenrolou como uma carta sensual publicada na *Penthouse*. Ele me perguntava pelo menos uma vez ao dia se eu tinha visto o filme *Nascido para matar*. Eu sempre o lembrava que não tinha visto. Ele então descrevia partes do filme para mim. Depois de várias semanas achando equivocadamente que ele estava flertando, tentei beijá-lo uma noite perto do dormitório Monroe Hill, e ele literalmente saiu correndo. Não é no senso figurado. Literalmente.

Fui a uma festa da fraternidade com um cara arrasadoramente bonito chamado Awbrey Madison Cartwright III, da Geórgia. Quer dizer, o cara parecia o Clark Kent, sem brincadeira. Ele puxava a cadeira para mim e abria as portas. Era gentil e atencioso. Só havia um problema. Segue o diálogo que trocamos quando ele me convidou para a festa:

Tina está sentada nos degraus em frente ao prédio do teatro, conversando com os amigos da aula de teatro. Awbrey Cartwright se aproxima.

TINA: Ei, Awbrey, você é gay, né?

AWBREY: (chocado) O quê? Não. Vim aqui perguntar se você quer ir à festa comigo.

TINA: Ah. Beleza.

Eu tinha razão, aliás. Ele curtia os rapazes.

Então você pode ver por que, quando eu ocasionalmente tinha o mínimo de sucesso com um homem branco heterossexual, eu me jogava de cabeça e me agarrava a ele como se fosse o último coco da ilha. E foi por isso que eu escalei a montanha Old Rag à noite.

Tinha um garoto, mais velho do que eu, estudante de arquitetura que fazia peças no departamento de teatro como bico. Não vou usar o nome verdadeiro dele porque eu acho que ele ia descobrir e ficar satisfeito demais com si mesmo. Vou me referir a ele pela aparência que tinha na época, uma versão bonita do Robert Wuhl. Pode começar a dedicar uma hora da sua vida tentando imaginar exatamente o que seria isso e volte a ler o livro quando conseguir.

Bem-vindo de volta.

Robert Wuhl Bonito e eu fizemos algumas peças e algumas aulas de teatro juntos. Ele parecia apreciar meu senso de humor. Como todos os garotos daquela época, ele tentava falar como David Letterman, algo que eu apreciava. Não me lembro de como acabamos nos pegando no carro pela primeira vez, mas foi sensacional, então continuei fazendo. Deveria ter sido uma "bandeira vermelha" para mim esses incidentes só acontecerem acobertados pela noite, na entrada dos fundos do meu quarto no campus? Sem dúvida. Não era "meio ruim" nunca ter havido um "encontro" de verdade antes desses eventos e que tudo isso era segredo? Com certeza. Mas eu finalmente tinha conseguido um garoto branco de lábios finos então todo mundo pode calar a boca!

A pegação secreta durou um tempo. O Robert Wuhl Bonito dizia ter motivos éticos/religiosos para não querer transar, o que não era problema para mim, já que eu teria ficado morta de medo. Digo "dizia" porque era mais perto da verdade ele ser um controlador que achava que precisava se guardar para uma garota gostosa.

Às vezes ocorriam eventos importantes no departamento de teatro, como uma festa para comemorar a inauguração de *The Robber Bridegroom* ou uma recepção de queijos e vinhos para dar boas-vindas ao artista convidado Aaron Sorkin (é realmente verdade). O Robert Wuhl Bonito levava uma garota bonita para a festa, e eu ia com uns amigos. Mais tarde, ele me buscava para fazer esportes no carro. Às vezes a gente só ficava dando voltas. Por que a gente ficava dando voltas na Blue Ridge? Até hoje não entendo qual era a desse garoto. Era uma experiência de controle para ver quanto tempo sem fazer nada eu aguentava até a gente finalmente se pegar? Possivelmente.

Em algum momento, a gente meio que teve um encontro. Ele me levou ao shopping para ajudá-lo a comprar um presente para outra garota e pagou um sanduíche para mim no Hickory Farms. "Você realmente consegue comer muito", ele riu quando terminei. Eu tinha certeza de que no fim das contas ele ficaria tão impressionado com a minha capacidade de comer igual a um homem que ia pedir que eu fosse sua namorada.

Então quando o RWB perguntou casualmente se eu queria escalar a Montanha Old Rag com ele, concordei imediatamente, depois fui correndo para casa contar para as minhas colegas de quarto. Estava claro que eu era muito especial para ele. Por que mais ele me convidaria para escalar uma montanha ali perto? Elas não acreditaram muito.

Encontrei o RWB na noite seguinte no apartamento dele fora do campus. É isso mesmo, a escalada seria à noite. Não questionei esse fato porque eu não sabia nada sobre escaladas e deduzi que o que contava era o romance. Ele me apresentou a um de seus colegas de quarto, Jess ou Chris ou sei lá o quê. Era um cara de cabelo encaracolado que ia com a gente na escalada. Isso foi uma novidade tanto para mim quanto para Jess-Chris. Dizer que ele foi antipático seria o maior eufemismo desde que o capitão do Hindenberg disse: "Estou sentindo cheiro de gás."* Ele alternava entre me ignorar e me dar olhares desdenhosos que claramente diziam: "Quem é essa garota feia, falsificada, que não é de nenhuma irmandade e que está estragando nosso encontro homoerótico de bróder?"

---

* Ou seria o maior eufemismo desde que Warren Buffett disse: "Posso pagar pelo jantar hoje." Ou seria o maior eufemismo desde que Charlie Sheen disse: "Vou me divertir no fim de semana." Então, você tem opções.

Dirigimos até a saída da cidade ouvindo "In Your Eyes" do Peter Gabriel. O RWB ouvia essa música constantemente. Ele era muito profundo. Já comentei que ele sempre usava um colar de concha e que só ia tirá-lo quando o Apartheid acabasse?

O sol estava se pondo quando chegamos ao pé da Old Rag e quando o RWB e Jess-Chris perceberam que nenhum dos dois tinha trazido uma lanterna. Depois de uma rápida discussão sobre quem era o culpado, eles resolveram que não fazia diferença e que deveríamos começar a escalar logo.

A primeira perna da nossa jornada foi o caminho do estacionamento até o começo da trilha em si. Tinha mais ou menos 2,5 km. Quando chegamos ao pé da montanha, eu já estava enjoada por causa do esforço excessivo e tentando disfarçar. Pedi um pouco de água.

"Ah, você está de sacanagem?" Os dois bróders se olharam inexpressivamente. Eles também tinham se esquecido de trazer água.

A próxima e mais complicada parte da trilha era a "luta contra pedras", um feito que exigia muita concentração para encontrar um lugar para colocar o pé e, com segurança, navegar para cima, por cima e entre pedras escorregadias. Estava ficando escuro, mas o luar estava intenso. Era difícil, mas eu realmente estava gostando do desafio. Jess-Chris continuava querendo que eu estivesse morta e/ou fosse mais bonita. O RWB escalava na frente de nós dois, se exibindo. Fiquei sabendo naquela noite que existem marcadores nesse tipo de trilha, uma cor para o caminho fácil e outra cor para o caminho intermediário. Também fiquei sabendo que, às vezes, principalmente à noite, é difícil ver esses marcadores.

Logo depois o RWB disse que ia "sair da trilha" e que nos encontraria dali a pouco. Nem Jess-Chris nem eu ficamos felizes com isso, mas acho que o RWB era profissional demais para a nossa velocidade. Jess-Chris e eu escalamos em silêncio durante uns vinte minutos. Se Jess-Chris estava tendo problemas para achar o marcador seguinte, ele com certeza não receberia nenhuma ajuda minha, porque eu era novata. Eu estava usando um tênis de luta greco-romana, por exemplo. Jess-Chris ficava gritando para o RWB "parar de se exibir" e "parar de ser babaca". O RWB gritava através da escuridão dizendo que só queria tentar fazer uma coisa e que voltaria para a trilha em alguns minutos. E então ouvimos. Um grito e o som de pedras pequenas rolando em cima de pedras maiores e depois o barulho como o de um saco de roupa quicando e rolando na escada do porão. Aquele idiota havia caído da montanha.

Acho que Jess-Chris e eu tivemos o mesmo pensamento: "Vou ter que explicar para a mãe desse moleque como ele morreu?"

TINA: A gente estava escalando a montanha Old Rag no escuro num dia de semana.

MÃE WUHL: Ela é a sua namorada, rapaz?

JESS-CHRIS: Não.

MÃE WUHL: Você era a namorada do meu filho?

TINA: Não, senhora, mas ele me disse uma vez que eu seria muito bonita se perdesse peso.

MÃE WUHL: Mas que diabos vocês estavam fazendo lá em cima?!

TINA: Bom, eu não posso falar pelo Jess-Chris, mas estava torcendo por uma escalada noturna agradável seguida de uma pegação sem tirar a roupa.

JESS-CHRIS: Eu também. Mas *ela* apareceu.

Chamamos por RWB freneticamente. Depois de alguns minutos, ele respondeu. Seguimos sua voz descendo a trilha e o encontramos. Jess-Chris escalou as pedras para ajudar o RWB a voltar para a trilha. Ele estava machucado, mas, de algum jeito, foi decidido que a gente deveria continuar a subir a montanha. Os últimos oitocentos metros não eram tão íngremes, e nós finalmente chegamos ao topo liso de granito, onde sentamos para admirar o lindo panorama escuro de Shenandoah Valley. O RWB fez um gesto me chamando para sentar perto dele, e Jess-Chris soube instintivamente que deveria se sentar longe. Cansada, desidratada e enjoada, ainda assim eu estava pronta para fazer o negócio dar certo, se fosse rolar alguma coisa. Mas o RWB não encostou em mim. Em vez disso, olhou saudosamente para o céu da noite e me contou da última vez que tinha escalado a Old Rag. Tinha sido dois dias antes, durante o dia. Ele tinha levado sua amiga Gretchen para almoçar lá em cima. Disse que gostava muito dela, me contou em segredo. Gostava tanto dela que não sabia exatamente o que fazer. Depois de terem chegado lá em cima e de comerem o almoço de piquenique que ele tinha preparado, ofereceu um chiclete Trident, e Gretchen — RWB parou e sorriu pensando como isso era fofo —, Gretchen tinha pedido para ele cortar o chiclete ao meio porque era grande demais para ela. "Você acredita nisso?", ele estava maravilhado. Uma garota tão feminina e perfeita que metade de um Trident era o máximo que ela aguentava.

Tentei processar o que isso queria dizer sobre a minha noite.

"Então... a gente não vai se pegar, é isso?"

* * *

A descida da Old Rag era uma estrada na floresta. Encontramos um córrego na mata e finalmente conseguimos beber água. Usamos a mão e foi a água mais gostosa e gratificante que já bebi na minha vida. "Ah, a água, / Eu mesmo pego no córrego da montanha", cantei várias vezes na minha cabeça. Eu ouvia muito Van Morrison naquela época, porque eu também era muito profunda.

O sol estava nascendo quando o RWB me deixou em casa. Por mais que os acontecimentos da noite tenham sido estranhos, eu não conseguia deixar de ficar animada com o fato de ter escalado uma montanha. Nunca achei que faria isso. Acho que alguém deveria projetar máquinas de exercício que recompensem as pessoas com sexo no fim, porque elas realizarão feitos sobre-humanos só pela ideia de que isso possa acontecer.

Ao deitar na cama de baixo do beliche, pensei em como tinha conseguido escalar a Old Rag. Pensei na Gretchen, a garota que só conseguia acomodar metade de um chiclete. "Espero que você case com ela", me imaginei dizendo para o RWB, "e espero que ela tenha uma vagina cavernosa".

Associação Cristã de Moços

Às 5h10 da manhã, o trem L da estação Morse em Chicago até a estação Davis St. em Evanston é surpreendentemente seguro para uma jovem branca. As únicas pessoas no trem a essa hora são mulheres polonesas a caminho de casa depois de trabalharem a noite toda limpando escritórios. Elas compartilham compartimentos de plástico de comida eslávica fria que você sabe que é amanteigada e deliciosa. É um monte de batata, arroz, carne e repolho numa série infinita de combinações.

Meu primeiro e único emprego comum (até agora) foi na YMCA (Associação Cristã de Moços) em Evanston, Illinois. Eu havia me mudado para Chicago na época do Dia das Bruxas, em 1992, e lembro de chegar em Rogers Park com as pessoas jogando ovos no Pontiac do meu pai para celebrar a data.

Eu nunca tinha sido garçonete, e a minha tentativa de mentir sobre isso para o gerente do Ruby Tuesday de Skokie, Illinois, não foi bem-sucedida. "Onde você trabalhou?", "Casa do Vagão em Havertown, Pensilvânia". Minha amiga mais viajada disse que eu tinha que inventar um nome de restaurante e dar o telefone dela para eles. "Você usava as mãos ou a bandeja?", "Bandeja". Minha amiga da minha cidade disse que eu tinha que escolher "bandeja" porque é mais fácil. "Do que você mais gostava quando trabalhou como garçonete lá?" Minha amiga da minha cidade não tinha antecipado essa pergunta. "Hum... as crianças. Eu gostava de servir as crianças fofas... Era um restaurante... de família." Fim de papo. "As crianças" pode até ser uma boa resposta aleatória para uma concorrente do Miss Universo ou para um candidato governamental, mas quem já foi garçom — ou simplesmente tenha ido a um restaurante com uma criança — sabe que as crianças são as piores espécies de sugadores de alma. Elas tiram todos os pacotes de açúcar do pote, derramam leite em todos os lugares e suas refeições desperdiçadas custam apenas cinco dólares se comparadas a um bom adulto bebedor, para o qual você pode vender uma porcaria de cebola com jalapeño por um preço mais alto. Não consegui o emprego de garçonete.

Eu me candidatei a um emprego como gerente da bilheteria no turno da noite numa companhia teatral pequena em Boystown. O salário era de mais ou menos cinco dólares por hora por um turno de quatro horas, então fiquei surpresa ao descobrir que uma entrevista longa com a diretora artística do teatro era necessária. Eu tinha um diploma em teatro, expliquei. Conversamos (quer dizer, ela falou) sobre dramaturgos que nós (ela) gostávamos (gostava). A vaga era disputada por mim e outra garota, e a diretora precisava saber o que eu tinha a oferecer para a Mini Companhia de Teatro Pretensiosa porque "Gostamos de nos considerar a companhia de teatro mais empolgante de Chicago". Tentei fazer uma piada: "Gosto de me considerar a mulher mais bonita do mundo. Mas aonde isso vai nos levar, não é mesmo?" A outra garota conseguiu o emprego.

Minha mãe conseguiu uma reunião com uma amiga num escritório de advocacia no centro para um emprego de recepcionista. Usei o terninho poderoso azul elétrico estilo Hillary Clinton que a minha colega de quarto e eu compartilhávamos em ocasiões como esta. A viagem de trem de uma hora e a luta para encontrar o endereço exato me atrasaram e, quando finalmente cheguei na entrevista, estava suando, soltando o cecê da minha amiga impregnado no terninho. O fedor de todos os drinques e cigarros que ela tinha consumido da última vez que usou o terninho encheu o ar do escritório chique onde eu estava sendo entrevistada. Com o terninho, a nuvem de bebida e minhas sobrancelhas grossas de virgem, fui considerada incapaz de atender o telefone em público. Apesar de ter me formado na faculdade, eu estava me tornando imprestável para qualquer trabalho básico.

Por sorte, a minha colega de terninho azul elétrico tinha uma vagina desinibida. Ela ficou com um protótipo inicial do Obama chamado Marcus, que trabalhava na YMCA de Evanston. Eles queriam alguém que trabalhasse na recepção de 5h30 às 14h30. O emprego era meu! Evanston é uma área residencial diversificada ao norte de Chicago, onde fica a Northwestern University. A YMCA de lá era a grande mistura de um estabelecimento de ponta para esportes de yuppies, um recurso comunitário maravilhoso para famílias e um lar à velha moda para homens sem direitos civis. Também pode ter sido o epicentro de toda a morbidez humana.

Havia um morador chamado Sr. Engler que usava uma peruca na cabeça como se fosse um chapéu. Ele descia as escadas uma vez por semana para pegar seus Meals on Wheels, os quais eram entregues a mim. Desenvolvi um estilo *Um estranho no ninho* de profissionalismo. Sempre fui como Zelig nesse sentido. Sou o tipo de babaca que começa a imitar o sotaque do Sul dos EUA quando falo com pessoas de lá e fico muito lésbica muito rápido quando faço esportes organizados. "Vamos lá! Mãos nos joelhos, moças!" Então, quando se tratava dos moradores da YMCA, eu sempre entrava no papel da boa samaritana respeitosa e explorada.

"Sr. Engler, suas refeições chegaram." Ele não dizia nada nem fazia contato visual ao puxar os potes de comida com suas unhas de Howard Hughes. "Tenha um bom dia, senhor", e aí eu voltava a dobrar as toalhas com uma dignidade estoica, como Michael Learned em *Nurse*.

"Senhor, posso ver a chave do seu quarto?", eu gritava no lobby como uma jovem Betty Thomas em *Hill Street Blues*. Os moradores não tinham permissão para levar visitas para o quarto e, de vez em quando, um cara entrava com um amigo usando um casacão e um chapéu, então você percebia que era uma mulher. Esses caras quase desabrigados tentavam levar mulher escondido para o quarto, o que só demonstra que as mulheres continuam a dominar o mercado de controle de refluxo.

Nem todos os moradores eram catatônicos. Tinha Joe, o carteiro. Joe tinha um bigode branco grande e um problema simpático na fala que o fazia parecer o Patolino, graças à falta de dentes. Ele transitava no mundo dos moradores e dos trabalhadores porque fazia um bico de meio período arrumando as cartas. "Bom dia, Joe." Eu sorria como Marilu Henner em *Taxi*. "Tchudo bem, garotcha?" Joe respondia. A gente zoava os nossos colegas de trabalho e ria dos sócios que eram chatos com a gente. Só faltava uma plateia de estúdio e um salário de oitenta mil dólares por episódio.

Donna trabalhava atendendendo aos telefones. Era uma mulher ruiva pesada, que não usava maquiagem e tinha mãos gordas.

Era mais difícil contracenar com Donna. Geralmente, se ela estivesse reclamando sobre alguma situação de trabalho, dava para passar o tempo concordando com ela, mas tinha que ser de um jeito específico. Todas as reclamações precisavam ser feitas com poucas palavras e nenhum toque de drama. Ficar gritando e pirando, para ela, era se exibir demais. Donna nunca "causaria" e você também não pode. Suas reclamações eram como telegramas com notícias ruins da Segunda Guerra Mundial.

DONNA: Vamos ter que trabalhar no Dia de Ação de Graças.
EU: Mentira. Isso é sério?
DONNA: Os sócios querem malhar.
EU: Que droga... Você não ia visitar a sua filha em Indiana?
DONNA: Foi adiado.

Mas *não* tente iniciar uma reclamação antes da Donna, não importa se tem certeza de que ela vai concordar. Porque Donna sempre vai deixar você na mão.

EU: Você acredita que só vamos ter meia hora de almoço, vamos ganhar 10% a menos, vamos ficar sem seguro e ainda vamos ter que comer terra?!
DONNA: Nunca vou ao médico. E eu gosto de terra, então... por mim, tudo bem.

Donna era um enigma embrulhado em bacon envolvido por um croissant.

Numa segunda-feira, Donna chegou e disse que o marido tinha sofrido um infarto no fim de semana. E, aliás, ela não disse isso de primeira. Comentou depois de estar lá há vinte minutos. Contou que o marido começou a ter dores no peito no sábado. No caminho do pronto-socorro, ele a obrigou a parar no Burger King porque ele sabia que assim que chegasse ao hospital "eles nunca mais o deixariam comer essas coisas". Não disse mais nada sobre o assunto, mas tomei conta dos telefones para ela algumas vezes naquele dia enquanto ela ia ao banheiro, deduzo que para chorar.

Esta foi a principal coisa que aprendi naquele lugar — como ser uma colega de trabalho atenciosa. Tomar conta do telefone para alguém poder fazer xixi. Bater ponto para alguém depois do almoço para que o outro possa comprar um cartão de aniversário. Ajudar as pessoas quando falta dinheiro no caixa. Não ser linguaruda.

Sou o tipo de pessoa que gosta de se sentir parte de uma comunidade. Prefiro ter companheiros estranhos a não ter nenhum. Na escola, tive uma amiga chamada Dawn. A gente estava lá em casa um dia assistindo à MTV quando começou a passar um clipe da Tina Turner. No palco atrás da Tina Turner havia letras gigantes que diziam TINA.

DAWN: Nossa. Você consegue imaginar o seu nome desse tamanho?

EU: Bom, é o meu nome.

DAWN: O quê? Ah. É.

A gente trocava ideia assim sempre.

A questão é que eu gostava do emprego na YMCA no início porque eu queria desesperadamente gostar dele. Meu dia não era só morbidez para todos os lados. Os sócios da academia eram yuppies e as mães jovens eram superlegais. Tinha um bebê ruivo lindo que eu chamava de Bob Cabeçudo que alegrava o meu dia sempre que vinha para a "Academia Infantil & Coisas & Mamãe & Trecos".

Havia um jardim de infância ao lado da YMCA, e o desfile de criancinhas que vinham nadar era uma graça e deixava a vida mais bela. Desenvolvi uma paixonite por um professor jovem sem ombros chamado Eli. Ele era um nerd total, mas tinha olhos castanhos grandes e era ótimo com crianças. E lembre-se, quando você trabalha num lugar que é praticamente uma jaula da qual não pode sair, suas escolhas são limitadas ao que passa por ali.

Mas isso não quer dizer que eu não tivesse outras opções. Um dos moradores "chegou" em mim uma vez. Era um cara branco de 40 e poucos anos que só ficou por lá durante uma semana, mais ou menos. Ele nos disse que estava na cidade procurando locações para um filme. Não sei que tipo de filme manda o produtor de locação para a YMCA, mas se eu tivesse que adivinhar, diria que não é *Titanic*. Enfim, esse cara me parecia quase normal, até que um dia veio falar comigo na recepção, me deu uma caixinha de papelão e disse: "*Voulez vous couchez avec moi?*" e foi embora. Na caixa havia um pacote de balinhas e duas fitas velhas da Linda Ronstadt. Não preciso nem dizer que nos casamos na primavera.

Eli, o Professor do Jardim de Infância — o nome dele se isto fosse *Um violinista no telhado* —, também era um aspirante a ator, então o convidei para ver a leitura da peça que eu ia fazer. Ele concordou e apareceu com a namorada, que era médica. Ela tinha tanta personalidade quanto ele tinha ombros.

Me acomodei a uma rotina diária. Acordava às 4h40, tomava banho e estava no trem às 5h10. Batia ponto às 5h30. Descobri como a manhã pode ser longa. Se você está no trabalho às 5h30, cinco horas se passam e são 10h30 da manhã. (Só passei por isso de novo quando tive a minha filha. Você se sente meio imbecil por todos aqueles anos da faculdade em que dormia até 12h45.) Na hora do almoço, eu comprava um sanduíche da máquina no nosso maquinatório. Aparentemente, um dia tinha sido um refeitório de verdade com "a melhor batata frita", mas alguém decidiu que não era patético o suficiente e ele foi "de-formado" em um lugar cheio de máquinas automáticas.

Nas sextas-feiras, às vezes eu me dava um agrado e comia uma fatia de pizza gordurosa e anéis de cebola no Giggio's do final da rua. Eu tentava não pensar no fato de que a minha refeição de sete dólares era basicamente o salário de uma hora. Algumas vezes, no meu caminho até lá, eu encontrava o Gregory. Ele era uma figura famosa de Evanston, conhecido por parar qualquer pessoa na rua e contar a sua história, que era assim: "Olá, meu nome é Gregory. Eu era contador. Eu tinha uma linda esposa e uma linda família. Eu tinha uma casa grande. Um dia, eu tive que fazer compras, mas a minha esposa estava com o carro. Peguei a minha bicicleta, mas não fui de capacete. Fui atropelado por um caminhão. Sofri um traumatismo craniano. Ainda tenho problemas para andar. Perdi tudo. Minha esposa me largou. Perdi meu emprego. Então, quando você andar de bicicleta, pense em mim e sempre use capacete." O traumatismo também destruiu sua memória de curto prazo, então ele contava essa história toda vez que o encontrava.

Quando Gregory não estava andando pela cidade contando sua história, ele aparecia na YMCA para sua natação diária. Eu o "conheci" todo dia durante vários meses.

As pessoas que trabalhavam nos escritórios do andar de cima passavam rapidamente pela recepção para pegar recados. Voltando do almoço de uma hora em restaurantes de verdade, indo ao banheiro na hora que quisessem, as pessoas do escritório tinham a vida ganha. Um cara de cueca nunca gritava com eles reclamando que a TV da sala dos moradores estava quebrada. Eles nunca foram reprimidos por descascarem uma laranja enquanto trabalham. Nosso único poder sobre eles é que tínhamos que "apertar um botão para abrir a porta" para a área da recepção, e às vezes Donna e eu apertávamos o botão rápido demais e então, quando eles empurravam a porta, já estava travada de novo. As pequenas alegrias.

O cara que tomava conta da residência era um careca gordo que tinha um sobrenome com mais consoantes do que há neste livro. Sempre achei que o trabalho dele era o mais difícil. Tinha que lidar com todos aqueles senhores e com quaisquer que fossem suas histórias complicadas e deprimentes. Ele me parecia ter muita compaixão, mas também tinha que ser corajoso e expulsar algumas pessoas às vezes.

Ao contrário das mulheres que gerenciavam os programas de exercícios ou o programa infantil, ele tinha zero ponto zero de diversão no dia a dia no trabalho. Até no Natal, quando os outros departamentos faziam arte com as crianças ou amigo oculto com os colegas de trabalho, o Sr. Mczrkskczk tinha que organizar um jantar natalino no porão para todos os homens que não tinham para onde ir.

Quando comecei a trabalhar na recepção no início de novembro, eu tinha estipulado que precisaria tirar uns dias de folga perto do Natal porque já havia comprado a passagem de avião para visitar a minha família. Como era o meu primeiro Natal depois da faculdade, eu estava acostumada a ter um mês de férias, e resumir isso a um fim de semana de três dias já tinha me deixado triste e deprimida. Tenho certeza de que, de algum jeito, ferrei Donna e ela provavelmente gritou e pirou com o marido: "Preciso trabalhar no Natal. Ponto."

Chegou o dia 23. Bati ponto e fui saindo, toda animada para ver a família e curtir uns confortos de classe média. No caminho para sair do prédio, passei pelo Jantar de Natal dos Moradores. Se você já presenciou algum acidente de ônibus escolar ou um cachorro tentando ressuscitar o dono, então a aparência desse jantar provavelmente não afetaria você. Mas, para mim, foi tranquilamente a terceira coisa mais triste que já vi na vida.

Os moradores estavam numa mesa comprida no porão, e o Sr. Mkvcrkvckz estava com um gorro de Papai Noel e um terno encardido. O jantar parecia ter envolvido algum tipo de peru, porque o lugar estava com cheiro de molho, e todos estavam abrindo presentes. Um garoto alto desengonçado chamado Timmy levantou um par de meias. O Sr. Engler também ganhou um par de meias. Estão abrindo um par de meias aqui, chefe! Todos eles ganharam um par de meias. Não foi o par de meias que me afetou. Não foi saber que esses caras não ganhariam mais nada de Natal. Foi imaginar o Sr. Mvzkrskchs na loja de 1 Dólar comprando quarenta pares de meias que me fez chorar até chegar em casa. Tudo isso misturado ao fato de que a música "I Will Always Love You" da Whitney Houston não parava de tocar na rádio do meu Walkman naquela época. Acho que essa música me fazia chorar porque eu não a associava a absolutamente ninguém.

Depois de visitar a civilização com a família, foi mais difícil encarar a recepção.

Havia um cara velho e rico chamado John Donnelly que deve ter doado muito dinheiro. Ele esqueceu o cartão de sócio um dia, e quando tentei explicar que ele tinha que pagar quatro dólares para entrar sem o cartão, ele surtou. "Você não sabe quem eu sou, porra?" Eu nunca o tinha visto antes. "Você sabe quem *eu* sou?", fiquei com vontade de dizer: "Então como posso saber quem *você* é? *Nós não nos conhecemos.*" Meu chefe me puxou de lado e disse que eu tinha de fazer tudo que ele quisesse, mesmo que ele fosse um babaca. Descobri que geralmente ele queria um passe livre para o convidado que estivesse com ele em vez de pagar a taxa de seis dólares. Esse comportamento ardiloso me fez perceber que a maioria das taxas das academias é um golpe e só otários pagam. Acabava ficando com o dinheiro dos passes para convidados de vez em quando e me recompensando no Giggio's. O que estava acontecendo com a minha moralidade?

Um dia, o querido e desengonçado Timmy chegou no lobby com um olhar obscuro. Ele estava andando de um lado para o outro, nos ignorando. "Eje não tchomou o remécho!", disse Joe Patolino ao vê-lo da sala de correspondência. "Eje não tchomou o remécho!" A patolinice do Joe se espalhou pelo corpo enquanto ele se sacudia em pânico. Quando finalmente entendi que Joe estava dizendo "Ele não tomou o remédio", tipo "o medicamento", já era tarde demais. O querido Timmy tinha se dirigido até uma jovem mãe que vestia uma calça de Lycra para malhar e disse: "Quero jorrar na sua boca." Coitado do Timmy, ele estava encrencado. O Sr. Mrkkkzzz precisou ser chamado em casa. A jovem mãe estava atordoada. É esse o tipo de problema que acontece quando grupos diversos de pessoas cruzam caminhos diariamente. É por isso que muitas das piores coisas do mundo acontecem dentro e perto dos banheiros do Starbucks.

Comecei a ver um padrão na Associação Cristã de Moços. Era uma pirâmide do poder. Na parte de baixo estavam todos esses moradores sem direitos civis que precisavam de cuidados como se fossem crianças; acima deles estava uma classe média de mulheres que faziam todo o trabalho e mantinham aquele lugar funcionando, e acima delas estavam dois ou três dos homens mais inúteis que você já viu na vida. Um deles era o nosso inspetor, Lonny, que nunca deixava de chegar sem dizer: "Já estamos nos divertindo?" Ele nunca ia a lugar nenhum sem comida no rosto. E sua última fala sempre era: "Há milhões de histórias na cidade nua." Havia também o diretor de programas, que falava exclusivamente a língua de besteirol empresarial: "Estamos tentando tornar a comunidade proativa ao utilizar uma série de diretrizes que têm o objetivo de maximizar a concordância comunicativa." Bem no topo da pirâmide estava o Diretor Executivo Rick Chang, que não fazia ideia de quem era quem nem o que faziam. Foi ele que me reprimiu por descascar uma laranja na recepção.

Fiquei sabendo pela Donna que ia abrir uma vaga de emprego no escritório do andar de cima. "A assistente da Vicky vai voltar a estudar. Ponto. Acho que vou ver qual é. Ponto." Fiquei feliz pela Donna. Arranjar um emprego no escritório ia literalmente mudar vida dela.

Continuei sendo enrolada por Eli Sem Ombros — o nome dele se essa fosse uma história de índios americanos. Ele agora dizia ter terminado com a namorada. Aguentei muitas sessões de filmes do Hal Hartley. Ele descrevia seus planos de fazer uma apresentação de um homem só sobre Charlie Chaplin. Nada aconteceu.

Quando o fim de janeiro chegou eu já estava fazendo aula de improvisação à noite. Ganhei novos amigos, amigos de verdade, que não eram do planeta Mórbido. Mas as aulas custavam dinheiro, e acordar às 4h40 estava ficando cada vez mais difícil. Uma determinada manhã de fevereiro, estava tão frio, que as escolas fecharam. Não tinha neve alguma; eles simplesmente não queriam as crianças morrendo no ponto de ônibus. Esperei pelo trem às 5h10 embrulhada em tantos gorros e cachecóis que só dava para ver os meus olhos. Quando finalmente cheguei em Evanston, todos os vasos sanguíneos em volta dos meus olhos tinham estourado de frio. Encontrei Gregory. Ele me contou sua história, e garanti a ele que sempre usava capacete quando andava de bicicleta. Também me contou que o Joe Patolino estava espalhando por aí que eu e ele estávamos "transando". É isso que ganho por ser simpática? Um mendigo de 60 anos se masturbando em minha homenagem no andar de cima? Antes que eu pudesse ficar muito irritada, Gregory já estava na recepção. Quando passei seu cartão de sócio, ele se apresentou para mim, me contou sua história e sugeriu que eu usasse capacete ao andar de bicicleta. Entrando numa fúria irlandesa logo atrás de Gregory estava John Donnelly, que não podia ficar esperando. "Pegue o meu cartão. Você sabe quem eu sou, porra?"

Cheguei ao meu limite. Eu ia ter que roubar da Donna aquele emprego no escritório. E foi quando finalmente o meu diploma de faculdade me deu a vantagem injusta que eu tanto esperava. Usei calça jeans na entrevista com Vicky. Foi fácil. Eu sabia fazer o básico no computador? Claro, eu tinha 22 anos. Se eu tinha um bom temperamento ao telefone? Claro. Quais eram os meus objetivos de carreira? "Ter esse trabalho para pagar as aulas de improvisação." Bom o suficiente. Voltei para o andar de baixo para aliviar Donna de atender aos telefones. "É a sua vez", eu disse. Ao observá-la subir nervosamente as escadas, eu sabia que estava no papo. A pobre Donna está há muito tempo na recepção. Dava para sentir a morbidez dos outros nela, como o cecê da minha amiga emanando do terninho azul.

Donna teria se jogado naquele emprego do escritório com um grande compromisso pelo resto da vida. Eu fiquei menos de um ano e saí quando consegui um emprego no Second City Touring Company.

Eu sei que isso me faz parecer uma babaca. Mas você se lembra do início da história, quando eu era a pobre coitada? Não? Nem eu.

A cidade do vento, cheia de conteúdo

O emprego mais divertido que já tive foi trabalhar num teatro em Chicago chamado The Second City. Se você nunca ouviu falar do Second City, é um teatro de improvisação e esquetes de comédia, fundado em 1959 por uns nerds de alguma universidade de Chicago. Existe um teatro Second City em Chicago e um em Toronto, e os dois juntos produziram alunos sensacionais, inclusive John Belushi, Gilda Radner, Dan Aykroyd, Chris Farley, John Candy, Catherine O'Hara, Eugene Levy, Andrea Martin, Steve Carell, Amy Sedaris, Amy Poehler e Stephen Colbert. Eu poderia continuar, mas meu editor disse que seria uma maneira barata de preencher o livro.

Eu me mudei para Chicago em 1992 para estudar improvisação e o Second City mostrou ser tudo que eu esperava. Parecia um culto. As pessoas comiam, dormiam e definitivamente bebiam improvisação. Elas tinham umas porcarias de emprego durante o dia só para pagar as aulas. Jovens ávidos de calça cáqui e camisa polo estavam dispostos a fazer de tudo que professores como Del Close e Martin de

Maat mandassem. Analisando melhor, acho que talvez fosse um culto mesmo.

Eu tinha estudado métodos de atuação legítimos na faculdade — Stanislavsky, Meisner, *O ator e seu texto*, de Cicely Berry —, mas qualquer crítico de TV pode informá-lo de que nunca dominei nenhum desses métodos. A improvisação como trabalho fazia sentido para mim. Adoro a ideia de dois atores no palco sem nada — sem figurino, sem cenário, sem diálogo —, que inventam uma coisa juntos para criar uma comédia que faça sentido para todos presentes. Estudar improvisação mudou a minha vida de forma literal. Levou a minha carreira em direção ao *Saturday Night Live*. Mudou minha maneira de ver o mundo e foi onde conheci o meu marido. O que seu culto tem feito por você ultimamente?

Quando comecei a trabalhar no Second City, havia duas companhias residentes e três itinerantes. As companhias residentes escreviam e apresentavam esquetes cômicos originais em teatros lotados em Chicago. As companhias itinerantes pegavam as melhores partes desses espetáculos e as apresentavam nos porões das igrejas e em centros comunitários de todos os EUA. Viajávamos de van para todo o tipo de lugar, do Norte de Nova York até St. Paul, Minnesota e Waco, Texas.

Na companhia itinerante, nós recebíamos 75 dólares por espetáculo e 25 dólares por dia. É claro, às vezes eu tinha um espetáculo em Kansas e outro no Texas seguido por mais um em Kansas, então precisava passar dois dias na van para ganhar 75 dólares. Não era lucrativo, mas era o *showbiz*!

Havia três companhias itinerantes: a Red Company, a Green Company e a Blue Company. Eu era da Blue Company, ou BlueCo, como chamávamos para parecer supermaneiros. Ainda tenho carinho pelos integrantes da BlueCo como se tivéssemos servido no exército juntos. Especificamente o exército francês, porque éramos preguiçosos e um pouco dissimulados. Por exemplo, uma vez fomos mandados para uma turnê no Texas e no Meio-Oeste e, assim que a van se afastou do teatro, resolvemos jogar fora os "melhores" esquetes que nos mandaram apresentar e os substituímos pelo nosso material original. Amy Poehler, principalmente, estava cansada de receber papéis datados de louras onde suas falas eram coisas como "Aqui está o seu café, querido", ou "O Sr. Johnson vai atendê-lo agora", ou "Como assim 'encontro sem saber quem é o cara'?!". Toda noite descartávamos os esquetes antigos e usávamos alguma coisa nossa. Meu amigo Ali Farahnakian, que é um gênio em muitos sentidos, escreveu um monólogo muito engraçado sobre o Big Mac do McDonald's. Durante o monólogo, ele comia uma McOferta do Big Mac inteira no palco. Como a refeição era tecnicamente um acessório, ele fazia o diretor de palco pagar pela McOferta todo dia e não gastava os 25 dólares. Era esse o tipo de habilidade que aprendíamos nas turnês do Second City. Até voltarmos a Chicago dez dias depois com o "melhor" do espetáculo completamente eliminado e levarmos a maior bronca, mas não estávamos nem aí.

*As regras da improvisação que vão mudar a sua vida e reduzir a gordura da barriga**

A primeira regra da improvisação é CONCORDAR. Sempre concorde e DIGA "SIM". Quando estiver improvisando, isso quer dizer que deve concordar com qualquer coisa que o seu parceiro tenha criado. Então se estivermos improvisando e eu disser: "Parado, estou armada", e você disser: "Isso não é uma arma, é o seu dedo. Está apontando o seu dedo para mim", a cena improvisada chegou ao fim. Mas se eu disser: "Parado, estou armada!", e você disser: "É a arma que eu te dei de Natal! Filha da mãe!", teremos dado início a uma cena porque você CONCORDOU que o meu dedo é de fato uma arma de Natal.

Agora, é óbvio que você não vai concordar com tudo que todos dizem na vida real. Mas a Regra do Acordo faz você "respeitar o que foi criado pelo seu parceiro" e pelo menos começar com a mente aberta. Comece dizendo "SIM" e veja até onde vai.

Como improvisadora, sempre me surpreendi quando conhecia alguém na vida real cuja primeira resposta é "não". "Não, não podemos fazer isso."; "Não, isso não está no orçamento."; "Não, eu não vou segurar a sua mão por um dólar.". Que maneira é essa de viver?

A segunda regra da improvisação não é apenas dizer "sim", é preciso dizer "SIM, E". Você precisa concordar e depois acrescentar alguma coisa. Se eu começar uma cena dizendo: "Não acredito que esteja fazendo tanto calor aqui", e você só disser: "É...", nós não vamos a lugar algum. Mas se eu disser: "Não acredito que esteja fazendo tanto calor aqui", e você disser: "O que você esperava? Estamos no inferno" ou se eu disser: "Não acredito que esteja fazendo tanto calor aqui", e você disser: "Pois é, não deve ser bom para os bonecos de cera." Ou se eu disser: "Não acredito que esteja fazendo

* Improvisação não reduz a gordura da barriga

tanto calor aqui", e você disser: "Eu avisei que a gente não deveria ter entrado na boca deste cachorro", estamos chegando em algum lugar.

Para mim, SIM, E quer dizer "não tenha medo de contribuir". Contribuir é uma responsabilidade sua. Sempre acrescente alguma coisa nas discussões. As suas iniciativas são válidas.

A próxima regra é FAÇA DECLARAÇÕES. Isso é uma maneira positiva de dizer: "Não faça perguntas o tempo todo." Se estivermos numa cena e eu disser: "Quem é você? Onde estamos? O que estamos fazendo aqui? O que tem nessa caixa?", estou botando pressão em você para inventar essas respostas.

Em outras palavras: não importa qual seja o problema, seja parte da solução. Não fique de bobeira levantando questões e indicando obstáculos. Todos nós já trabalhamos com essa pessoa. Essa pessoa é um saco. É geralmente a mesma pessoa no escritório que diz coisas como: "Não há calorias se você comer em pé!" e "Me senti ameaçado quando Terry levantou a voz".

FAÇA DECLARAÇÕES também se aplica às mulheres: use declarações em vez de perguntas apologéticas. Ninguém quer ir ao médico que diz: "Vou ser o seu cirurgião? Estou aqui para falar sobre o tratamento? Eu era um dos melhores alunos da minha turma na Johns Hopkins, e daí?" Faça declarações com as suas ações e a sua voz.

Em vez de dizer: "Onde estamos?", faça uma declaração como: "Estamos aqui na Espanha, Drácula." Tudo bem, "Estamos aqui na Espanha, Drácula" pode parecer um começo horrível de uma cena, mas isso nos leva à melhor regra:

NÃO EXISTEM ERROS, apenas oportunidades. Se eu começar uma cena com o que acredito que seja claramente uma policial andando de bicicleta, mas você acha que sou um hamster correndo na rodinha, quer saber? Agora sou um hamster correndo na rodinha. Não vou parar tudo para explicar que, na verdade, era uma bicicleta. Quem sabe? Talvez eu acabe virando um hamster policial que está no turno da "rodinha" porque "sou muito descontrolada" em ação. Na improvisação não existem erros, apenas lindos acidentes felizes. E muitas das maiores descobertas do mundo aconteceram por acidente. Quer dizer, vejam só o Reese's Peanut Butter Cup ou o Botox.

Lição da Poderosa Chefona nº 183: Você não pode mandar nas pessoas se elas não estiverem nem aí

Os produtores tentaram punir a BlueCo nos dando os piores trabalhos. Apresentações de formatura aconteciam à 1 hora da manhã depois da festa na escola, e a presença era obrigatória. Era basicamente uma maneira de impedir os jovens de beber ou fazer sexo na festa de formatura, e os improvisadores odiavam fazer essas apresentações tanto quanto os jovens odiavam assisti-las. Imagine como você ficaria revoltado se estivesse perdendo um sexo oral cheio de dentes para ver os integrantes de um culto inventarem uma música sobre a eleição de 1996.

Fizemos outras apresentações péssimas. Salões iluminados de hotel com microfones quebrados; faculdades onde todos os jovens estavam bêbados; apresentações bancadas por uma caridade onde a plateia estava muito, muito sóbria; apresentações corporativas às 8 horas da manhã para funcionários que estavam presentes para serem avisados sobre as reduções no plano de saúde. Basicamente, toda vez que estávamos nos apresentando para uma plateia que não estava presente por escolha, o espetáculo era complicado.

Depois de sete ou oito meses fazendo turnê, começamos a nos perguntar quais atores seriam promovidos para as companhias principais. O elenco da Mainstage e o elenco da "Second City e.t.c." ficavam em Chicago e ganhavam um salário de sindicato. Desenvolviam os próprios esquetes improvisados para a plateia, reservando as ideias que tinham dado certo até terem um espetáculo de duas horas. Era o trabalho dos sonhos. Porém, de todos os lugares em que trabalhei que eram supostos "Clubes do Bolinha", O Second City foi o único onde passei pela babaquice de gênero institucionalizada.

Por exemplo, o diretor de uma das companhias principais uma vez justificou o corte de uma cena dizendo: "A plateia não quer ver uma cena entre duas mulheres." O quêêêê? Falemos mais disso depois.

Em 1995, cada elenco do Second City era composto de quatro homens e duas mulheres. Quando sugeriam que eles trocassem uma das companhias por uma de três homens e três mulheres, os produtores e diretores tinham a mesma reação aterrorizada. "Não tem como fazer isso. Não vai haver papéis suficientes. Não vai haver papéis suficientes para as mulheres." Isso não fazia o menor sentido para mim, provavelmente porque falo a mesma língua que eles e nunca bati a cabeça. Não estávamos encenando *A morte do caixeiro-viajante. Nós mesmos criávamos o espetáculo. Como não haveria papéis suficientes?* Onde estava o "Sim, e"? Se todos tivessem algo a contribuir, haveria papéis suficientes. A dedução insultante, é claro, seria de que as mulheres não têm ideias.

Fico feliz em dizer que os produtores entraram no século XX e mudaram o elenco para um de "três e três", e fui a terceira mulher no primeiro elenco de gêneros igualitários. Porém, preciso dizer, por uma questão de orgulho, que não consegui essa vaga *porque era mulher*. Consegui essa vaga porque Amy Poehler tinha se mudado para Nova York com o Upright Citizens Brigade, e eu era segunda melhor opção.

Mas essa foi a primeira vez em que passei por algo que gosto de chamar de "O mito de não haver suficiente".

Quando trabalhei no *Saturday Night Live*, tive uma discussão às 5 horas da manhã com uma das nossas atrizes mais inteligentes. Havia boatos de que Lorne ia acrescentar mais uma mulher ao elenco, e ela ficou revoltada. (Para ser justa, ela também estava exausta. Eram 5 horas da manhã depois de passarmos a noite escrevendo.) Ela achava que não haveria papéis suficientes para as mulheres e que essa mulher era muito parecida com ela. Não haveria tempo de programa o suficiente para todas.

Ressuscitei meu antigo argumento: como isso pode ser verdade se *nós criamos o programa*? Alguns de nós sugerimos que houvesse uma colaboração em vez de uma competição. E, é claro, foi o que fizeram, com grande sucesso, uma vez que estavam no mesmo ambiente. Mas de onde vem esse pânico inicial?

Eis o que digo para as jovens mulheres que vêm me pedir conselho sobre a carreira: as pessoas vão tentar te enganar. Vão tentar fazer você achar que está competindo com outras. "Você vai ser promovida. Se escolherem uma mulher, vai ser ou você ou a Barbara." Não se engane. Você não está competindo com outras mulheres. Você está competindo com *todo mundo*.

Além disso, eu sempre as estimulo a usarem sutiã. Mesmo que ache que não precise, apenas... quer saber? Você nunca vai se *arrepender*.

Meu sonho para o futuro é que os espetáculos de esquetes cômicos se tornem uma meritocracia que não vê gêneros de quem é realmente mais engraçado/a. Você pode ver quatro mulheres e dois homens. Você pode ver cinco homens e um vídeo do YouTube de um gatinho espirrando. Uma vez que soubermos que estamos abertos a todas as opções, podemos seguir adiante com o que for mais engraçado... O que provavelmente vai incluir flatulências.

A minha lua de mel, ou uma coisa teoricamente divertida que nunca mais farei*

Meu marido não gosta de viajar de avião. Ele *até* viaja de avião agora porque não quer que a nossa filha cresça achando que ele é um personagem do Don Knotts. Mas quando nos casamos, ele não pegava avião.

---

* Se você entende essa referência à coleção de ensaios de David Foster Wallace de 1997, você pode se considerar um integrante da elite cultural. Por que você odeia tanto os EUA e sua bandeira?!

Eu o obriguei a pegar um avião uma vez antes de nos casarmos porque ele ganhou uma viagem a Viena, Áustria, para dirigir um espetáculo de esquete cômico num teatro de língua inglesa. Se você conhece alguma coisa sobre Viena, sabe que eles adoram esquetes cômicos no estilo de Chicago!*

Enfim, sem saber a irracionalidade do medo dele na época, fiz bullying para que aceitasse a viagem grátis para Áustria, garantindo que eu estaria com ele o tempo todo e que explicaria tudo o que estivesse acontecendo durante o voo. Para chegar a Viena de Chicago, é preciso ir até Zurique, entrar nas massas de ar turbulentas em volta dos Alpes, aterrissar e decolar de novo. Esta é a pior coisa para pessoas que têm medo, porque todas se fixam ao mesmo pensamento como Rain Man: "A maioria dos aviões cai durante a decolagem e a aterrissagem!" Teríamos o dobro de decolagem e aterrissagem do que ele havia concordado. Isso era inaceitável. Ele ficou deprimido durante toda a nossa semana lá, distraído pela preocupação com a viagem de volta.

Jurei que nunca mais o faria pegar um avião.

Alguns anos depois, nos casamos. O casamento leva à lua de mel, que tradicionalmente inclui viagens.

Na nossa lua de mel, resolvemos fazer um cruzeiro para Bermuda porque o navio sai de Nova York. (Não precisávamos ir de avião até Miami para pegar o navio.) Entramos a bordo do navio num hangar gigante no West Side de Manhattan. Havia homens tocando tambores de metal e nos entregando bebida. Eles não perguntam se você é um alcoólatra em recuperação ou se está tomando algum remédio que pode interagir negativamente com o álcool. Isso

* Os vienenses não curtem esquetes cômicos americanos.

é uma lei marítima! Você ganha uma bebida sem pedir. Depois de um rápido "exercício de segurança", onde ninguém presta atenção sobre a localização dos botes salva-vidas, a diversão começa. E os primeiros dias são muito divertidos.

Ficamos num quarto pequeno com uma varanda. O casal do quarto ao lado tem uma varanda a meio metro da nossa. Eles não se apresentaram, mas estão comicamente bêbados a maior parte do tempo e a esposa usa um biquíni de lantejoulas com a bandeira americana, o que me faz acreditar que ela é uma stripper aposentada.

Tem uma piscina, mais ou menos. Está mais para uma piscina infantil grande e, ao entrar, parece que está tomando banho com desconhecidos.

Tem filipinos maravilhosos que dobram a sua toalha no formato de um animal diferente toda noite. Pode ser um elefante usando seus óculos escuros ou um pato usando seus óculos escuros. É simplesmente divertido. Não analise demais.

Tem atividades divertidas apresentadas pelo diretor do cruzeiro, que se autodenomina "Dan Dan, o Fanfarrão". Ele substituiu recentemente o antigo diretor do cruzeiro "Pete Pete, da Fanfarrice", que substituiu o "Guy Guy, a Pessoa Divertida", que tinha morrido recentemente de asfixia autoerótica. Não, essa parte não é verdade! É uma piada-mentira. Não vou mentir para você nesta história porque quero que saiba que o resto dela é verdade.

Dan Dan, o Fanfarrão, faz brincadeiras perto da piscina que incluem: pessoas que fingem ser cavalos numa corrida de cavalos com obstáculos. Uma competição de dança. Alguma coisa com bolas de praia.

Na hora das refeições, sentamos numa mesa marcada. Os outros dois casais na nossa mesa são parentes cinquentões de Delaware

Water Gap. Richard e Barbra, Betty e Bernie. Conversamos sobre raças de cachorro e pesca; meu conhecimento sobre ambos os tópicos é igual. Concordamos que a comida do navio é tão boa quanto a dos restaurantes em Nova York (entre as ruas 48 e 50 na Sétima Avenida). Betty e Bernie disseram que resolveram fazer essa viagem para repetir a lua de mel. Aparentemente, tinham ido para Bermuda na lua de mel 35 anos antes e a viagem foi um desastre porque Betty quebrou o braço ao cair de uma lambreta. "Nunca alugue uma lambreta em Bermuda", disse Bernie. Betty fala por cima dele: "Eles sempre dizem nos cruzeiros para não alugar uma lambreta em Bermuda. Você não está acostumado. Vai sofrer um acidente. Mas as pessoas não prestam atenção." Todos nós concordamos; as pessoas simplesmente não prestam atenção.

Apesar do nosso grupo de seis se dar bem, estávamos com uma inveja silenciosa da mesa vinte, uma mistura de casais jovens e gays solteiros que estão se curtindo muito. Todo silêncio no meio da nossa discussão sobre "pastores alemães que conhecemos" é preenchido por uma risada bêbada e barulhenta da mesa vinte.

Vale a pena destacar que, naquela época, eu já estava fazendo o "Weekend Update" no *Saturday Night Live* havia duas temporadas. Não fui reconhecida por ninguém. Bem, *fui* reconhecida pelo cara que repõe a máquina de sorvete perto da piscina, mas não porque apareço na TV, e sim por ficar sempre ali. Minha nossa! As sobremesas! Fileiras e fileiras de doces dispostos no estilo refeitório. Alguns deles são quadrados de coisas cor-de-rosa não identificáveis. Acho que os chamávamos de coalhada doce nos anos 1970. Não são doces gostosos, mas, como um menino no primeiro baile misto, fico menos atraída pela beleza, e mais pela quantidade ilimitada.

No terceiro dia, estou muito animada para ir a uma das nossas excursões especiais pelas quais pagamos a mais. Sairemos do navio de manhã cedo em Bermuda, buscaremos as bicicletas e andaremos pela ilha com um guia para uma praia especial e exclusiva aonde vamos nadar e tomar coquetéis de rum e depois seremos levados de volta ao navio para uma festa. Parece ser muito bom, né? Foi o que achei também. Não parei de falar sobre isso. Durante as semanas que antecederam a viagem, eu me gabava por ter escolhido a melhor excursão. Eram diversão e malhação combinados! Era um ótimo jeito de conhecer a ilha! Meu marido e eu esperamos no ponto de busca designado às 8h30. Ninguém mais apareceu. Uma olhada rápida no nosso itinerário revela a deprimente verdade. A excursão de bicicleta tinha sido no dia anterior. Com toda a minha empolgação, eu tinha gravado o dia errado. Chorei. Chorei como uma criança de 3 anos que quer levar a caixa registradora de brinquedo para a banheira. Choro de uma maneira que me revela que o resto do cruzeiro não é tão divertido assim.

Esse, com certeza, foi o pior momento da viagem, até o incêndio. É isso mesmo, um incêndio no navio vai surgir nesta história. Pode esperar.

Depois dos meus sonhos de malhação e diversão terem sido destruídos, começo a me consolar com a comida. Tomo sorvete e como cachorro-quente na piscina e, à noite, tomo um aperitivo chamado Deslizamento de Chocolate, que é basicamente um milk-shake de chocolate de 550 litros com um toque de Bailey's.

A última noite no cruzeiro é a noite Gala. Meu marido que, por motivos legais, vai ser chamado de Barry, está usando um terno que foi feito sob medida para ele por um alfaiate português na Pensilvânia. Estou com um vestido que me foi empurrado por vendedoras russas agressivas no Upper West Side de Manhattan. Não preciso nem dizer que nós dois estamos nos sentindo como colonos. Os fotógrafos vêm às mesas e tiram fotos formais de todos, assim como fotos nossas sendo ameaçados por uma mulher vestida de pirata. Durante o jantar, há um show de talentos dos passageiros. E, como previsto, um gayzinho da mesa vinte faz uma apresentação de sapateado, sendo ovacionado pelos seus novos melhores amigos. Aqueles babacas.

Depois do jantar, vamos ao teatro de mil lugares do navio para curtir a apresentação das 23 horas, Fiesta Caliente. O lugar está lotado para essa celebração de dança e música pop latina. Um dos dançarinos está "aquecendo" no palco como parte do pré-show, uma convenção teatral que meu marido e eu podemos apreciar porque somos de Nova York e sabemos das coisas. Meu Deslizamento de Chocolate está descendo redondo quando ouvimos os três sinais. *Bing. Bing. Bing.* Mas, em vez de ouvirmos Dan Dan, o Fanfarrão, surge a voz de uma mulher, que acredito ser filipina, e ela está respirando intensamente. "Bravo... Bravo... Bravo...", ela ofega. "Motor principal. Estibordo. Bravo... Bravo... Bravo." Ouvimos o alto-falante sendo desligado. As pessoas olham em volta um pouco nervosas. O dançarino aquecendo no palco corre direto para os bastidores. Depois de segundos, os três sinais voltam. Ah, graças a Deus, é o nosso capitão grego. "Senhorras e senhorres, aqui é o capitón falando. Porrfavor, sigam para a estação de contagem." Não era isso que eu queria que ele dissesse. Nos levantamos e atravessamos dolorosamente devagar o teatro completamente lotado.

Todo mundo está em silêncio. O que é a piooooooooor coisa. É assustador quando um grupo de pessoas sabe instintivamente que não se pode ficar de palhaçada. Outra voz surge no alto-falante, repetindo: "Por favor, fiquem calmos. Por favor, sigam para a estação de contagem." Meu lado alemão está pensando: "Empurre os velhos. Empurre os velhos e os doentes! Se eles forem fortes o suficiente para não cair, eles merecem viver." Meu lado grego quer gritar com o capitão grego. Não faço nenhuma das duas coisas e sigo obediente.

No caminho, paramos na nossa cabine para calçarmos tênis. Tenho uma vontade súbita de deitar na cama e fingir que nada disso está acontecendo — como o casal de velhinhos no *Titanic*. É assim que quero morrer, com a água gelada subindo em volta de nossos corpos de conchinha, e eu conseguindo, de algum jeito, obrigar meu corpo a tirar um cochilo. Amarro meus tênis Saucony.* "Acho melhor a gente ir logo", diz Jeff baixinho. (Droga, eu tinha me prometido que não ia usar o verdadeiro nome dele!) Seguimos para nossa estação de contagem, felizes por termos participado do exercício de segurança. Mulheres e crianças ficam na frente, os homens ficam atrás. Eles realmente ainda fazem isso. Seguro a mão de Jeff diagonalmente na multidão. Vamos ser uma daquelas histórias de casais que morrem na lua de mel. Vamos aparecer nos noticiários locais. Eles identificarão Jeff pelo monograma dentro do paletó. Penso como seria terrível se eu tivesse que entrar num bote salva-vidas e deixá-lo para trás.

Mais um aviso. "Aqui é Dan, o diretor do cruzeiro. Há um incêndio na casa de máquinas por causa de um cano de combustível estourado. Nossa tripulação está fazendo de tudo para apagar o fogo, e atualizarei vocês assim que houver mais informações." Opa. Onde está Dan Dan, o Fanfarrão?

Olho em volta. Há várias meninas adolescentes aos prantos, meninas que com certeza viram *Titanic* mais vezes do que você analisou suas fezes. Há crianças menores que estão rindo, alienadas. Há

---

* Isto é uma propaganda paga da Saucony Corporation.

os idiotas que quebraram o braço e o tornozelo nas lambretas (as pessoas realmente não prestam atenção), que agora se perguntam se isso vai custá-los a vida. O homem extremamente bêbado da cabine vizinha à nossa está na minha frente na multidão. Está tão bêbado que se encontra na seção de mulheres e crianças. Ele reclama alto que isso é muito chato e que somos um bando de babacas. Quando uma mulher claramente horrorizada grita "Por favor, senhor, fique quieto", ele se balança um pouco e solta um longo "Caaaaaaaala a booooooca" que é engraçado, não apenas porque ele falou como Jackie Gleason, mas também pela inconveniência da situação onde todos nós provavelmente morreremos.

Cerca de trinta minutos depois, Dan Dan, a Morte, volta a falar, e anuncia que graças ao excelente trabalho dos bombeiros na tripulação, o fogo foi apagado. Vamos poder voltar às nossas cabines assim que o resto do navio for verificado. Ele diz também que o calor do incêndio disparou todos os alarmes no navio, então todos os quartos precisam ser verificados antes que a gente possa entrar. A maioria das pessoas acha que isso é uma boa notícia. Mas eu sou esperta demais. Sei que o calor extremo somado a um cano de combustível estourado significa que o navio vai explodir agora. Enquanto as pessoas à minha volta começam a relaxar, mantenho os olhos no mar, esperando para ser lançada por uma onda de fogo. Estarei pronta quando acontecer, então não vai acontecer. É um fardo ter a habilidade de controlar as situações com a minha hiperatenção, mas é o meu dever nesta vida.

Alguns membros da tripulação aparecem com coolers de bebidas geladas. Uma mulher perto de mim pega um refrigerante e o devolve, dizendo: "Você tem diet?" Se Deus tivesse senso de humor, o navio teria explodido naquele momento. (Na verdade, acho que Deus tem senso de humor, já que esquilos comem pizza com as mãos e às vezes os homens-bomba sem querer explodem antes de chegar ao destino.) O navio não explodiu.

Depois de mais ou menos uma hora, nos deixam voltar para o lounge e nos dão um baralho. As pessoas estão dormindo no chão. É muito *O destino de Poseidon*. São quase 3 horas da manhã quando voltamos para nossa cabine. Nossos óculos escuros estão largados na cama; qualquer que fosse o animal-toalha que estava com eles saiu correndo de medo.

Dormimos de roupa. De manhã, meu marido que, por motivos legais, vou chamar de Lee a partir de agora, me acorda e diz que estamos voltando para Bermuda. Isso é uma das coisas que amo em Lee. Ele é masculino e antiquado o suficiente para saber que o sol deveria estar do lado direito se estivéssemos em direção ao norte. Devem estar nos levando para Bermuda para voltarmos de avião para casa. O rosto de Lee se contorce de preocupação. Penso nos nossos colegas de mesa que comentaram que também não gostam de viajar de avião. A maioria das pessoas do navio tem medo de avião. Meu Deus: *é por isso que elas estão aqui*. O cruzeiro em si não é divertido! Entro em ação. Deve haver uma quantidade limitada de remédios ansiolíticos no navio. Enquanto a maioria das pessoas ainda está dormindo, encontro a enfermaria e pego dois comprimidos para meu marido. Um para quando o avião decolar e outro para quando eu disser que ele tinha razão, vamos para casa de avião.

Depois de dar o primeiro comprimido para o meu marido Rod (Jeff está reclamando que Lee parece feminino demais. Droga, usei o nome verdadeiro dele de novo!), sigo para o centro da cidade e faço uma ligação de quarenta dólares para avisar aos meus pais que, apesar do que tinham visto nos noticiários, estamos bem. Fico surpresa ao saber que essa história não foi notícia.

A tripulação tenta amenizar a seriedade da noite anterior. A "demonstração de culinária da meia-noite", que tinha sido cancelada na noite anterior, acontecia agora no calor do sol. Os homens voltaram a tocar os tambores de metal perto do bar da piscina, mas agora a música parece horripilante, como quando as crianças cantam em filmes de terror ou quando homens tocam tambores de metal num navio de cruzeiro que quase afundou. A tripulação está abatida. O mexerico (é de fato mexerico e não fofoca, porque estamos num navio) é que o navio está sendo levado de volta a Bermuda, onde será colocado num dique e ficará no conserto por seis meses. Não é à toa que estejam um pouco desanimados com a demonstração de culinária, todos estão desempregados.

Compro a nossa foto da noite Gala no estande de fotos. O fato de eu pagar por ela, em vez de simplesmente pegar depois de todo esse absurdo, é um ponto para meus pais. Rod e eu estamos bronzeados e sorrindo para a pirata entre nós dois. Quanto revisionismo será necessário para que essa foto seja uma lembrança precisa da nossa viagem?

Encontro Betty, Bernie, Barbra e Richard no refeitório. Betty e Bernie desistiram oficialmente de Bermuda. Richard está pálido. Dá para perceber que ele é um dos que morre de medo de avião. "Você pegou os comprimidos?", pergunto. "Tinham acabado", sua esposa responde.

Quando o navio entra no Cais do Rei, as mulheres e as crianças locais estão nos aplaudindo. Meninos estão girando as camisas no ar. Nada gera um flashback de medo como um bando de pessoas desconhecidas aplaudindo surpresas a sua não morte.

Eles nos colocaram em voos fretados para Nova York. Se você nunca esteve num voo fretado cheio de pessoas que morrem de medo de avião e que também foram traumatizadas nas 12 horas anteriores, recomendo mais do que um cruzeiro. É muito engraçado. Todos estão agitados, e quando o piloto faz a escolha infeliz de testar o alto-falante dizendo: "Bravo, bravo", você quase ouve o c* das pessoas fechando. A versão sonora de desenho animado.

E se eu dissesse agora que o avião bateu enquanto taxiava na pista? Não bateu. Chegamos em casa, atordoados, porém bronzeados.

A coisa mais interessante que aprendi nessa viagem aconteceu quando contei a história para meu amigo James, que tinha se apresentado num cruzeiro anos antes. Quando contei que a mulher disse: "Bravo, bravo, bravo", James ficou imóvel. Ela disse três vezes mesmo? Ele precisava saber. Então James me contou a verdade. Bravo é sério. Quanto mais vezes eles dizem, mais sério é. O máximo de vezes que dizem é quatro, e se disseram quatro vezes, quer dizer que você vai para o seu túmulo na água. Então "Bravo, bravo, bravo" não era sensacional. Fato interessante número dois: numa situação de emergência, são os apresentadores que são responsáveis pelos botes salva-vidas. Porque o resto da tripulação tem deveres náuticos de verdade, os jovens da Fiesta Caliente são treinados para operar os botes salva-vidas. Se um dia você precisar entrar em um, a pessoa responsável pela sua segurança vai ser um dançarino de 19 anos de Tampa que acabou de brigar com o namorado por causa do novo clipe da Rihanna. James também me disse que cada bote salva-vida contém uma arma e que, quando o bote estiver na água, o dançarino-capitão do bote é treinado para atirar em quem estiver atrapalhando. Isso aparentemente é legal de acordo com as leis marítimas.

Cerca de uma semana depois, recebemos um pedido de desculpa pelo correio nos oferecendo um cruzeiro grátis de valor igual ou menor como recompensa e era uma oferta não transferível. Tenho quase certeza de que as únicas pessoas que aceitaram essa oferta foram o cara bêbado do quarto ao lado, sua esposa stripper e aqueles imbecis da mesa vinte. Mas não farei cruzeiros novamente. Cruzeiros luxuosos foram projetados para fazer algo insuportável — uma travessia transatlântica de duas semanas — parecer suportável. Não há mais necessidade de passar por isso hoje em dia. Temos aviões. Você não tiraria férias de dois meses numa charrete com camarão liberado. Você não tiraria férias num lugar onde passaria por uma apendicectomia antiquada sem anestesia enquanto tocam tambores de metal. Você *talvez* tirasse férias num lugar onde andaria dois dias de camelo se ganhasse aqueles animais-toalha usando os seus óculos.

"O que você estava pensando quando estávamos de mãos dadas diagonalmente?", pergunto. Jeff diz: "Eu estava pensando que seria muito difícil para você quando escolhesse não entrar no bote para ficar comigo."

Resolvi que não podia começar esse casamento com uma mentira.

"Jura?", digo. "Porque eu estava pensado que ia ser tão difícil para você quando eu fosse para o bote e você ficasse para trás.

Ele ficou chocado. Defendo o meu caso. "Lembra quando vimos *Titanic* e eu fiquei irritada com a Kate Winslet quando ela saiu do bote e voltou para o navio? Acho que ela sacaneou Leonardo DiCaprio. Se ela tivesse ficado no bote, ele poderia ficar no pedaço de madeira que ela usou para boiar, e os dois teriam sobrevivido. Eu nunca faria isso com você."

Espero pela reação dele, torcendo para que o amor romântico do século XXI possa ser definido pelo fato de não mentir sobre seus planos de entrar no bote salva-vidas e se lembrar de pegar comprimidos para o seu companheiro. Ele apenas ri. Com isso resolvido, começamos nossa vida de casados.

Os segredos de beleza da mamãe

Eu sei por que você comprou este livro. Ou, devo dizer, eu sei por que você pegou este livro emprestado com aquela mulher no seu trabalho. Você quer saber o meu sistema secreto de beleza. Aprendi desde cedo que uma mulher deve dominar e proteger os "Segredos da sua beleza", mas vou compartilhar com você meus "Doze princípios para ficar maravilhosa para sempre".

1) Crie bons hábitos de beleza desde cedo

"Como você se mantém eternamente jovem?"; "A sua pele é impecável, qual é o seu segredo?", as pessoas sempre perguntam para Sharon Stone. Como minha colega Sharon Stone, sempre achei que os produtos mais simples são os melhores. Sharon diz que sua pele é boa graças ao hidratante do Pond's (e talvez um pouco do botulismo da natureza. Piscadela!). Na minha juventude, eu tomava banho diariamente com sabonete Ivory e shampoo Prell. Todo mundo sabia que Prell era o melhor shampoo porque também podia ser usado para limpar uma frigideira. Depois eu secava o meu cabelo com o Hot Comb. O Hot Comb era uma escova de cabelo pequena que vibrava e fazia barulho que, por algum motivo, a minha família guardava no bufete da sala de jantar. Talvez ela quisesse ficar perto da faca elétrica, já que as duas coisas eram praticamente o mesmo aparelho.

Se eu não tivesse tempo para o tratamento completo com o Hot Comb — por exemplo, se eu estivesse com pressa para sair de casa e criar a coreografia de um comercial da Pepsi com a minha amiga Maureen —, ficava em frente ao nosso ar-condicionado gigante e secava o meu cabelo com aquela rajada de vento.

2) As roupas íntimas certas são uma parte essencial da sua silhueta

Meus seios começaram a crescer quando eu era muito nova, eu tinha uns 9 anos. Eles cresceram tão esquisitos e para cima que é possível que eles ficassem acima da minha clavícula. Naquele momento, usar um sutiã não era para manter os seios elevados, era para deixar claro que não eram um tumor de tireoide.

Minha mãe sabia que era importante usar o sutiã do tamanho certo, então ela me levou à JCPenney e vestiu um por cima da minha roupa. *Ela colocou um sutiã por cima da minha roupa no meio da JCPenney.* Eu a agradeço por isso. Essa humilhação precoce relacionada aos seios me impediu de ter a necessidade de participar do "Girls Gone Wild" quando eu tinha 20 e poucos anos.

3) Cuidados com a pele, cuidados com a pele, cuidados com a pele!

As empresas de maquiagem gostam de fazer os cuidados com a pele parecerem complicados, mas vou desmitificar isso para você. Os "Três segredos de uma ótima pele" são Umidade, FLDS (Ficar

Longe do Sol) e Ser Italiana. As Três Regras do FLDS são Protetor Solar, SUUC (Sempre Usar um Chapéu) e NDS (Não Deitar ao Sol). "Não Deitar ao Sol" é um jeito de se lembrar de "Não Deixar de Suplementar com Ômega 3", que pode ser encontrando no SNePE (Salmão, Nozes e Pães Estranhos).

A coerência é a parte mais importante dos cuidados da pele, seguidos de Beber Muita Água. Mas esses dois são menos importantes do que DORMIR (Dormir Mesmo).

Na delicada idade de 14 anos, eu já estava estimulando minha pele com uma massagem diária rigorosa. Eu espremia e cutucava todos os poros, colhendo toda e qualquer espinha. Isso e um espirro fortificante de Sea Breeze ajudaram os meus poros a ficarem grandes e flexíveis até hoje.

Aos 19 anos, eu já tinha descoberto que ácido retinoico era uma ótima maneira de fazer grandes pedaços da sua pele caírem no chão durante as aulas de teatro.

4) Não tenha medo de experimentar soluções "ousadas" para a pele

Passei a maior parte do ano de 1990 negociando com Deus, pedindo para ficar com uma espinha gigante nas costas a vida inteira em troca de uma pele lisa no meu rosto. Apesar de isso não ter dado certo, não me arrependo nem um pouco do tempo que gastei correndo atrás disso. O que conta é a jornada, gente.

5) Os olhos são a janela de onde a alma deveria estar

Ensinei tudo que Monica Lewinsky sabe... sobre creme para os olhos. Acho que é melhor eu voltar no tempo e explicar isso. Na primavera de 1999, participei de uma reunião secreta com Monica

Lewinsky, a produtora do *SNL* Marci Klein e a roteirista do *SNL* Paula Pell. Marci ligou e perguntou em quanto tempo Paula e eu chegaríamos ao seu apartamento em Tribeca. Monica Lewinsky estava indo para lá, e nós três íamos convencê-la a aparecer no *SNL*. Isso foi antes da entrevista infame que a Srta. Lewinsky deu a Barbara Walters. Ninguém nunca a tinha ouvido falar antes. Ela ainda era aquela garota enigmática de boina que não ia muito à lavanderia.

Passamos a tarde bebendo vinho e comendo salgadinho de ervilha com wasabi. (Nem pagamos um almoço para ela! Quem achávamos que éramos? Presidentes?) Monica era esperta, agradável e foi muito sincera com a gente — talvez tenha sido sincera demais para uma pessoa na situação dela. Só estou dizendo que Linda Tripp pode não ter sido a idealizadora inteligente que você achava que ela era.

Falamos sobre calcinha fio-dental, Vigilantes do Peso e depilação. (Mas você deve ter sacado tudo isso quando eu disse que era *1999*.) Quando surgiu o tópico do creme para os olhos quis falar, então compartilhei a única informação que guardei daquela mulher cruel na seção La Mer da Saks. "É preciso aplicar gentilmente com o seu dedo anelar." Demonstrei como era. "Ah, é?", Monica perguntou com um nível de interesse e ingenuidade que explicou muita coisa. Até hoje penso em Monica toda vez que passo meu creme para os olhos. E tenho certeza de que ela pensa em mim.

6) Lasers espaciais

Ao envelhecer, você pode querer pagar alguém para disparar lasers no seu rosto. Se você é uma moça chique que mora num centro urbano chique como Nova York ou Dallas-Fort Worth, você vai a um dermatologista chique e eles cobrem seus olhos e apontam inúmeras máquinas para o seu rosto para "estimular a produção de colágeno".

Se você mora longe da cidade grande, você pode simular essa experiência pedindo para uma amiga esconder a sua carteira enquanto você senta perto de um aquecedor. O resultado vai ser o mesmo.

Durante um tempo, eu estava fazendo a minha "remoção de dinheiro a laser" num médico chique na Park Avenue. Um dia, marquei uma consulta para falar de uma acne hormonal no meu queixo que simplesmente não ia embora. O médico rapidamente injetou esteroide e, depois de um ou dois dias, a mancha tinha diminuído para o tamanho normal. Infelizmente, os esteroides fizeram a espinha continuar diminuindo e, até o fim da semana, eu tinha uma concavidade na minha mandíbula que era tão funda que dava para sentir o osso. Eu estava furiosa e reclamei sobre isso na hora da maquiagem no *SNL*. "Meu rosto já é todo ferrado, e agora eu tenho que lidar com *outra* cicatriz?!" Amy Poehler gritou do outro lado da sala: "A diferença é que agora você está *pagando* por isso." Ela tinha razão. Eu estava arrasando. Rolou um "toca aqui" depois.

7) "O cabelo de uma mulher é sua glória suprema" — Os caras que escreveram a Bíblia

Os especialistas em beleza dos anos 1970 declararam que o *shag* era "o corte de cabelo mais universalmente lisonjeador". As camadas curtas na frente emolduravam o rosto e as partes irregulares mais compridas atrás deixavam o pescoço mais longo. Acho que a foto a seguir é uma prova de que eles tinham razão.

Encontrar um cabeleireiro em quem você confia é essencial. Durante muitos anos, eu só cortei o cabelo com os alunos da Academia de Beleza Gordon Phillips. A placa na frente dizia tudo — "Academia de Beleza Gordon Phillips, Londres, Paris, Upper Darby". Sempre segui as tendências de beleza, então acredito que tenham dobrado o

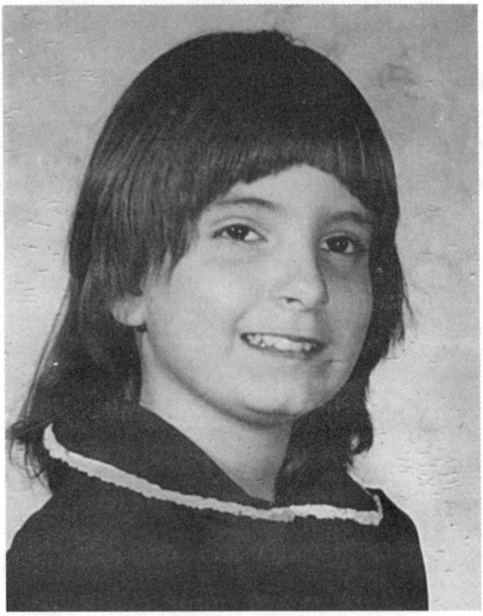

meu rosto ao meio e cortado um coração para fazer esse corte de cabelo. É claro, preciso ser sincera: essa foto é obviamente profissional e foi tirada no "dia de tirar foto na escola". Eu não estava sempre tão elegante e bem-arrumada assim.

8) **P: Mas, Tina, a maioria das pessoas não tem acesso a um cabeleireiro. O que podemos fazer?**

R: Primeiro de tudo, não fale comigo nesse tom. Segundo, você precisa aprender a domar a sua juba!

Encontrei um sistema que funcionava para mim no meio dos anos 1980. Uma ou duas vezes por semana, eu colocava o meu alarme para as 6 horas da manhã para poder acordar e ligar o Hot Stix. Hot Stix são bastões de borracha aquecidos, que eram usados para enrolar o cabelo como um bob. Depois de uns 15 minutos, era só tirar os bastões, e o cabelo ficava com cachos perfeitos (com pontas secas e descabeladas). Eu analisava os cachos no espelho, impressionada tanto com o utensílio quanto com a minha habilidade de usá-lo.

Então, todas as vezes, no último segundo antes de ir para a escola, eu me perguntava: "Será que tenho que escovar o cabelo ou deixar assim?" *Por que eu nunca conseguia lembrar?* Aquela sensação de "eu tenho quase certeza de que esse próximo passo está errado, mas vou fazer mesmo assim" faz parte dos mesmos instintos que fazem de mim uma ótima cozinheira.

No fundo, eu sabia que não deveria escovar o cabelo, mas não conseguia evitar.

A minha mão — segurando a escova como se fosse um transplante de mão de um assassino que odiava a beleza! — escovava os cachos, transformando-os numa grande bagunça cheia de estática. Até a hora da chamada, eu já tinha feito um rabo de cavalo, que fica ótimo em mim, então pronto.

Assim que me formei na escola, resolvi cortar o meu cabelo. Era a chance de eu me reinventar antes da faculdade.

Depois de uma discussão cruel sobre a largura ideal de um cacho, minha mãe e eu demos fim à nossa experiência artística na Academia Gordon Phillips. Nós agora cortávamos o cabelo com a mãe de um colega de classe, que também era uma sósia profissional da Ann Jillian. É isso mesmo, a sensação que você está tendo agora é inveja. A família toda era glamourosa assim. Eu sempre tive inveja da vida deles porque eles pareciam viver numa série de TV. Todos eram louros e atraentes. A mãe cortava o cabelo no salão de beleza no porão de casa e era sósia da Ann Jillian no resto do tempo. Dá para vender esse programa para a CBS só com isso! O pai era gerente de um restaurante. O tio deles era o professor de inglês "maneiro" da nossa escola. O filho mais velho era tipo um Bon Jovi jovem que era o astro do coral da nossa escola e ia *até Nova York* uma vez por semana para uma aula de canto particular. O filho do meio era um gigante brilhante, engraçado e fofo que fazia desenhos sardônicos no canto das coisas, e o mais novo era uma graça de garoto no estilo Jason Priestley que obviamente tinha sido incluído na família na última temporada pelos produtores para aumentar a audiência. Quer dizer, só de olhar para essa família já dava para saber que eles iam entrar no sindicato*.

Era algo natural eu confiar na Sra. Doyle na transformação da minha nova versão para a faculdade. Eu queria cortar tudo. Não queria dar uma de covarde, não queria um corte de cabelo *bob*; era para tirar tudo. A Sra. Doyle fez um rabo de cavalo com o meu cabelo, o cortou fora e me entregou. Ele ainda está numa caixa de papelão na casa dos meus pais. Sei disso porque a minha mãe me pede educadamente para "talvez passar uma horinha arrumando as caixas" há mais de vinte anos.

O corte de cabelo era bem batido dos lados, mais cheio em cima, com tufos estilo Liza Minelli que ficavam pendurados como cachos judeus. Eu amei. Depois perguntei se precisava mesmo dos tufos, mas, quando ela me explicou que eles eram obrigatórios, voltei a amar.

Nerd nunca mais, esse novo corte de cabelo mostrava às pessoas quem eu era por dentro — uma mãe de quatro filhos que também era, de algum modo, virgem.

---

* Segundo regra da televisão norte-americana, as séries ganham direito de sindicalização quando chegam à marca de cem episódios inéditos (*N. da E.*)

9) Quando o assunto é moda, ache o que fica bem em você e não mude jamais

Um amigo sábio uma vez me disse: "Não use o que os estilistas mandam você usar. Use o que *eles* usam." O que ele quis dizer é que a maioria dos estilistas, independentemente do que exibem na passarela, preferem roupas simples e lisonjeadoras para eles mesmos.

Qualquer pessoa que nunca me conheceu pode dizer que a moda sempre foi muito, muito, muito, muito, muito, muito, muito importante para mim. Por exemplo, uma vez contei para a minha prima que meu sonho seria "se toda a loja Express fosse o meu armário!". Fui uma vidente e tanto, porque agora, é claro, só uso roupas da Express.

Não posso enfatizar o suficiente. Não se preocupe com moda; use roupas simples que deem destaque ao seu tipo de corpo.

Aos 19 anos, eu tinha encontrado o meu visual. Camisas gigantes, short ciclista e tênis de luta greco-romana. Para impedir a minha silhueta de ficar muito larga, eu a apertava com uma pochete na cintura. Eu tinha quase certeza de que iria ter esse visual para sempre. As camisas permitiam que eu me expressasse com falas maneiras como "Ninguém chora jogando beisebol" e "Universität Heidelberg", o short ciclista exibia minhas pernas musculosas e a pochete servia para guardar todos os meus tíquetes do bonde. Eu estava arrasando diariamente. Encontre algo assim para você o mais rápido possível.

10) Manicure é necessário

Quando me mudei para Nova York em 1997, descobri a alegria de fazer uma manicure coreana rápida. A cidade está cheia de salões de beleza micros onde você pode fazer manicure, pedicure, depilar as axilas e uma série de dez minutos de socos nas costas, tudo por menos de cem dólares. Nas primeiras vezes, pode ser intimidador. Para começar, você pode esquecer que fala inglês. Você entra, sorri e acena para a gerente. "Manicure-pedicure?", "Escolha a cor", ela responde com sotaque coreano. Você escolhe alguns dos trezentos tons de branco. "Este para manicure. Este, pés. Revista, pode ser?", *Por que você está falando assim?* Agora que você se envergonhou racialmente, você está pronta para se sentar numa mesa micro e basicamente ficar de mãos dadas com uma pessoa desconhecida por vinte minutos. A coisa mais louca nas primeiras vezes que você vai é o fato de se acostumar a soltar suas mãos passivamente nas mãos de outra mulher. É como algo que obrigam as pessoas a fazer num acampamento como um exercício de confiança, imagino. Nunca fui a um acampamento, já que eu não era desprivilegiada, nem judia, nem extremamente cristã, nem obesa. (Seria um ótimo exercício para alguém que pensa querer se mudar para Nova York: ficar sentada num espaço fechado cheio de vapores, de mãos dadas com uma pessoa desconhecida por vinte minutos enquanto todos à volta falam uma língua que não se entende. Se você gosta disso, vai gostar da linha 6 do metrô.)

Para se distrair do fato de ser muito estranho deixar outra pessoa limpar seus dedos, há uma série de apresentações teatrais à sua volta. À direita, você pode ver uma nova-iorquina falando animadamente sobre um apartamento que ela viu. "Era *bizarro*. Você não tem ideia. *Chão de mármore*". Quanto mais os nova-iorquinos gostam de alguma coisa, mais enojados eles ficam. "A cozinha era toda climatizada: quero me matar. O prédio tem uma sala de jogos que dá vontade de quebrar a mandíbula com um taco de golfe. Não aguento." À esquerda pode haver uma senhora comendo castanhade-caju com uma das mãos, falando no celular com a outra enquanto faz a manicure e compartilha informações demais. "Eu sei. Fiquei chorando no banheiro hoje de manhã — [para a manicure] não tire as cutículas, por favor." Quando presta atenção, você suspeita que ela esteja participando de uma sessão de terapia paga pelo telefone. "Bem, você sabe, é uma questão de estabelecer limites. Ele precisa ser avisado: se a gente vai ter uma conversa daquelas, não pode ser quando um está bêbado e o outro está pendurado de cabeça para baixo fazendo exercício." Ao continuar ouvindo, não se tem mais certeza se ela é a paciente ou a terapeuta. "Se eu acho que é *bom* que você esteja com raiva? Por que eu acharia que é bom você estar com raiva?" Nunca há menos do que oito personagens da Tracy Ullman em qualquer salão de beleza de Nova York a qualquer momento.

Se tudo isso for demais para você, olhe para cima e se concentre no pôster de mãos com unhas vermelhas compridas segurando um violino incorretamente.

Antes que se dê conta, sua manicure vai ter acabado e você estará ótima. Suas unhas estarão saudáveis e bonitas, e o esmalte brilhante vai ajudar a esconder as minipartículas de lixo e fezes humanas que cobrem levemente todos os moradores da cidade!

11) Como envelhecer naturalmente sem parecer uma fotografia time-lapse de um pardal apodrecendo

Num determinado momento, o seu corpo vai querer ser nojento. Enquanto você passa a adolescência e a juventude identificando e dando ênfase às suas "melhores características", nos seus 40 anos, você luta contra o apodrecimento. Passa a arrancar a barba espaçada diariamente com uma pinça. Seu dedão do pé pode começar a virar para dentro. Da noite para o dia, um pelo pubiano branco pode nascer. Não que isso tenha acontecido comigo, é claro, porque a cada seis meses faço um tratamento japonês *muito* caro que deixa meus pelos pubianos transparentes como macarrão de arroz.

Todos nós nos preparamos psicologicamente para as rugas, mas as rugas não são o problema. O problema são as nojeiras inesperadas.

Por exemplo, a boca. Meu Deus, a boca. Não importa se você é dedicado na hora de escovar os dentes e passa fio dental — que nunca é suficiente para aquele seu dentista exibido —, em algum momento, você começa a acordar todo dia com um cheiro na boca como o de um caracol largado no sol. É até possível dar um jeito nisso assim que se acorda — escovando os dentes e usando enxágue bucal —, mas o fato de você saber que acordou com aquela boca de bola de naftalina podre faz você se sentir velha.

Acho que Deus projetou a nossa boca para morrer primeiro como uma transição lenta ao dia da nossa morte. Mas acredito muito no "Design Inteligente", e com isso eu quero dizer que amo a IKEA!

12) A regra mais importante de beleza

Se você não conseguir guardar mais nada, lembre-se sempre da mais importante Regra de Beleza: "Quem se importa?"

Lembranças de ser muito, muito magra

Durante um breve momento na virada do século, eu fui muito magra. Segue a lista do que me lembro dessa época.

- Eu estava sempre com frio.
- Eu tinha um par de shorts de veludo tamanho 36. Que eu usava. Para trabalhar. No meio de Manhattan.
- Eu adorava quando as pessoas diziam que eu estava ficando magra demais.
- Uma vez, levei um saquinho de pimentão vermelho cortado de lanchinho para a praia.
- Eu comia biscoitos saudáveis regularmente que eram tão ruins que, quando dei um biscoito toda animada para Rachel Dratch, ela desenhou um coelho num papel e quebrou o biscoito em pedaços pequenos e fez um rastro saindo do traseiro do coelho.
- Os homens que eu já conhecia começaram a prestar atenção em mim... E eu os odiava por isso.

- Às vezes eu tinha que dormir com um travesseiro entre as pernas porque meus joelhos ossudos ficavam se batendo e me mantinham acordada.
- Eu tinha muito tempo livre porque não estava sempre comendo.
- Eu corria 5 km por dia na esteira, seis dias por semana.
- Eu me sentia maravilhosamente superior a todo mundo.
- Eu ainda não tinha filhos.

Precisamos parar de encher o saco das pessoas com essa coisa de peso. Ser magra durante um tempo (desde que você coma direito, não tome remédios nem fume para emagrecer) é um passatempo perfeitamente tranquilo. Todo mundo pode fazer isso uma vez, como ter o cabelo bem curto e namorar um cara branco.

Lembranças de ser levemente gorda

Durante um breve momento do fim do último século, eu estive acima do peso. Segue a lista do que me lembro dessa época.

- Meus seios eram maiores.
- Uma vez, saí do restaurante no meio de uma sobremesa para chegar no Krispy Kreme antes que fechasse.
- Apesar de eu só gostar da batata do McDonald's, acreditava que era mais nutritivo fazer uma refeição e comia dois cheeseburgueres também.
- Se eu estivesse com disposição, comprava o Whopper Jr. no Burger King e depois andava até o McDonald's para comprar a batata. O milk-shake podia ser de qualquer um dos dois.
- Não conseguia correr nem 1 km.
- Usava um macacão masculino grande que eu *amava*.
- Os homens que eu conhecia não queriam namorar comigo... E eu os odiava por isso.

- Em pelo menos três ocasiões, vomitei na véspera do Natal por misturar chocolate, camarão, linguiça e queijo. Não havia álcool na história.
- Com meu tamanho 44, me orgulhava da ideia de que eu tinha o tamanho de uma "mulher de verdade". "44 é a média nos EUA", me gabava, "não importa o que as revistas tentem dizer".
- Uma vez, enquanto passava a minha roupa íntima, encostei o ferro quente na minha pança protuberante.

Precisamos parar de encher o saco das pessoas com essa coisa de peso. Ser gorda durante um tempo (desde que você não desenvolva uma diabete) é uma fase natural da vida e não é nenhuma vergonha. É como a puberdade ou se transformar lentamente numa pessoa republicana.

Um sonho de infância realizado

(Não é aquele onde sou perseguida
pelo Conde Chocolátra)

Em 1997, peguei um avião de Chicago até Nova York para fazer uma entrevista para uma posição de roteirista no *Saturday Night Live*. Parecia promissor porque eu tinha ouvido falar que o programa estava querendo diversificar. Só na comédia, aliás, uma mulher branca obediente da área residencial conta como diversidade. Cheguei para a entrevista de trabalho com a única roupa decente que eu tinha — a "roupa do espetáculo" do Second City. Calça preta e um casaco felpudo lavanda da Contempo Casuals. Fui falar com o segurança perto do elevador e me ouvi dizer: "Estou aqui para falar com Lorne Michaels." Eu não acreditava que essas palavras estavam saindo da minha boca. "Estou aqui para falar com Lorne Michaels." Eu estava realizando um dos meus sonhos. Deve ser assim que as pessoas se sentem quando vão peladas para a escola sem querer.

Peguei o elevador até o escritório no 17º andar, onde havia fotos de arquivo do programa — Jane Curtin rasgando a camisa no "Weekend Update", Gilda Radner e Candice Bergan no esquete *Beach Blanket Bingo*, a foto promocional de Al Franken! Então sentei no sofá e esperei pela minha reunião com Lorne. Depois de mais ou menos uma hora, os assistentes começaram a fazer pipoca numa máquina daquelas de cinema — algo que entendi mais tarde ser o anúncio da chegada de Lorne. Até hoje, o cheiro de pipoca recém feita me causa estresse, fome e ideias de esquetes para John Goodman.

O único conselho que me deram sobre a minha reunião com Lorne foi "Nunca termine as frases dele". Uma atriz de Chicago cometeu esse erro e acredita que isso custou seu emprego. Quando finalmente fui levada à sala de Lorne me sentei, determinada a não estragar tudo. Lorne disse: "Então você é de..."

A frase parecia ter ficado no ar para sempre. Por que ele não terminava a pergunta? Se eu respondesse agora, seria como se eu estivesse atropelando a fala dele? Eu não lembrava mais como funcionavam os padrões de conversa humanos. Mais cinco segundos se passaram, e nada do Lorne terminar a frase. Ai, meu Deus. Quando eu voltasse para Chicago no dia seguinte, as pessoas iam dizer: "Como foi a sua reunião com Lorne Michaels?", e eu responderia: "Ele disse 'Então você é de', e ficamos uma hora em silêncio até uma mulher entrar e me mandar ir embora."

Depois de provavelmente, realisticamente, dez segundos, eu não aguentava mais e acabei dizendo: "Pensilvânia. Sou de Pensilvânia, uma área residencial da Filadélfia", ao mesmo tempo em que Lorne finalmente terminou o que ia dizer: "Chicago", Eu tinha certeza de que tinha estragado tudo. Não me lembro de mais nada do que aconteceu na reunião porque fiquei encarando a placa na mesa dele que dizia "Lorne Michaels" e pensando: "Esse é o cara do cheque dos Beatles!" Eu não podia acreditar que estava na sala dele. Eu nunca teria imaginado que alguns anos depois eu estaria naquela sala às 2, 3, 4 horas da manhã pensando: "Se esta reunião não acabar logo, vou matar esse filho da mãe canadense." De alguma forma, consegui o emprego.

Durante meus nove anos no *Saturday Night Live*, a minha relação com Lorne mudou de "aluna aterrorizada X professor relutante" para "garota do interior X senhora experiente mostrando como as coisas funcionam" para "Annie X Papai Warbucks (companhia itinerante)" até uma relação de respeito e amizade mútuos. Depois mudou para "garota adolescente mal-humorada X padrasto generoso", depois para "Sr. e Sra. Michael Jackson", depois, por um breve período, para "garoto que não acredita no Natal X vizinho recluso que prova que milagres são possíveis", depois voltou para respeito e amizade mútuos de novo.

Aprendi muito com Lorne, principalmente um estilo de administrar as coisas que era o oposto de ser A Poderosa Chefona.

Coisas que aprendi com Lorne Michaels

1) "Ser produtor é desestimular a criatividade."

Um programa de TV compreende vários departamentos — Figurino, Acessórios, Talento, Recursos Gráficos, Figurino em Cena, Transporte. Todo mundo em todos os departamentos quer exibir suas habilidades e contribuir criativamente para o programa, o que é uma bênção. É ótimo trabalhar com pessoas que são talentosas e entusiasmadas com seu trabalho. É de se esperar que, como produtor, sua função seja de incentivar a criatividade, mas, na maior parte, sua função é policiar entusiasmo. É provável ter que lidar com uma situação onde o roteiro pede um muffin integral num prato branco, e o Departamento de Acessórios apareça com um bolo integral no formato de Papai Noel sentado numa bandeja de prata, onde está escrito: "Bem-vindo à Dinamarca", "A gente achou que seria engraçado", e aí terá que encontrar um jeito educado de explicar que a personagem é judia, então o fato de ela comer o rosto do Papai Noel pode ter uma conotação negativa, e a bandeja de prata, apesar de ser linda, dá um brilho esquisito na câmera, e que é melhor usar o muffin integral e o prato branco.

E, às vezes, os atores têm uma coisa que chamam de "ideia". Geralmente, isso envolve mais falas para eles ou, no caso de atores mais experientes, mais tempo sentados. Quando os atores têm ideias é muito importante chegar ao motivo essencial por trás daquela ideia.

Você está pedindo algo deles que não está os deixando à vontade? Estão pedindo para eles mostrarem a barriga ou se pegar com um sósia do Dick Cheney? (Só para constar, já pedi aos atores que fizessem ambas as coisas, e eles super toparam.) Em vez de dizer: "Não fico à vontade amamentando um homem que conheci hoje", o ator pode falar em código e dizer algo como "Acho que meu personagem não faria isso" ou "Machuquei as costas e não vou sair do camarim". É preciso lembrar que atores são seres humanos. O que é difícil, porque eles são muito mais atraentes do que seres humanos. *Existe alguém por perto que o ator possa estar tentando impressionar?* Isso é muito importante e não deve ser ignorado. Se um ator masculino está dando uma de difícil por algum motivo, é preciso sondar imediatamente o perímetro atrás de estagiárias bonitas.

2) "O programa não começa porque está pronto, e sim porque são 23h30."

Isso é algo que Lorne disse muitas vezes sobre *Saturday Night Live*, mas acho que é uma ótima lição sobre não ter muito preciosismo na hora de escrever. Você precisa tentar de tudo para estar inspirado e melhorar todas as piadas que der até o último segundo possível, e depois precisa *largar de mão*.

Você não pode ser aquela criança hesitante na fila do toboágua. Você precisa descer logo. (E sou de uma geração onde muitas pessoas morriam nos toboáguas, então foi uma lição importante para mim.) Precisa deixar as pessoas verem o que escreveu. Nunca vai ficar perfeito, mas a perfeição é superestimada. A perfeição é um saco na TV feita ao vivo.

O que aprendi sobre "não agradar" quando era improvisadora no Second City é que não agradar é doloroso, mas não mata. Não importa se a cena de improvisação for péssima, você vai estar fisicamente vivo quando acabar. O que aprendi sobre não agradar como roteirista do *Saturday Night Live* é que não dá para se preocupar muito com o "histórico permanente". Sim, você vai escrever alguns esquetes que ama e dos quais tem orgulho para sempre — suas pepitas de ouro. Mas também vai escrever umas pepitas de merda. E, infelizmente, às vezes as pepitas de merda vão acabar indo ao ar. Não pode se preocupar com isso. Contanto que saiba a diferença, pode voltar a garimpar pelo ouro na segunda-feira.

Essa é a melhor característica do Will Ferrell. Ele fazia esquetes que eram completamente a cara *dele* e que (acredito eu) eram os que ele mais amava — Bill Brasky, Robert Goulet e Cowbell —, mas ele se dedicaria com o mesmo afinco se tivesse que sapatear ao lado da Katie Holmes no monólogo dela. Ele é o Michael Caine dos esquetes de comédia. Pode fazer um papel horrível, mas nunca será lembrado por ele.

3) Quando for contratar, misture nerds de Harvard com improvisadores de Chicago e mexa bastante.

Os roteiristas do *Saturday Night Live* sempre foram uma mistura de Garotos de Harvard* hiperinteligentes (Jim Downey, Al Franken, Conan O'Brien, Robert Smigel) e artistas talentosos, dedicados e divertidos (John Belushi, Gilda Radner, Jan Hooks, Horatio Sanz, Bill Murray, Maya Rudolph). Lorne de alguma forma sabia que pessoas demais de um lado ou de outro acabaria com o equilíbrio do programa. Generalizando sem inibição, se tivéssemos apenas os caras de Harvard, o programa inteiro seria sobre paródias comerciais sobre pessoas usando barris depois da queda da bolsa de 1929. "Barris de pobreza do Flendersen, substituindo roupas apesar de ser mais caro desde... agora. Outrora conhecido como Pickles e Suspensórios do Flendersen: Uma exegese semiótica dos excessos da Era do Jazz e as falhas da Lei Sherman Antitruste."

Se você não tivesse nada além de improvisadores, o programa todo seria sobre personagens travestis barulhentas chamadas Vicki e Staci gritando a mesma frase sem parar: "VOCÊ BEIJA A SUA MÃE COM ESSE ROSTO?"

Os Garotos de Harvard e a Galera da Improvisação pensam de maneira diferente porque o histórico deles de estudos sobre comédia é muito diferente. Se você é da *Harvard Lampoon* e está dentro de um castelo com seus amigos, pode aperfeiçoar o que estiver escrevendo para ser exatamente o que deseja e pode evitar a sensação de suor de um vergonhoso fiasco. Principalmente porque *você não estará presente quando alguém ler o que escreveu*. Mas quando se

* Eu digo "Garotos" de Harvard porque a maioria deles é masculina — mas não exclusivamente; vai com tudo, Amy Ozols! —, e porque eles geralmente têm menos de 25 anos e nunca fizeram nenhum tipo de trabalho manual. Eu os amo muito.

improvisa oito espetáculos por semana na frente de pessoas bêbadas e carnívoras de Chicago, você vai passar por altos e baixos. Será importunado ou, pior, ouvirá o próprio batimento cardíaco no silêncio da plateia. Você vai desagradar tanto que conseguirá ouvir uma senhora lá atrás colocando o chiclete num guardanapo. Você pode ter algo a dizer sobre o sistema de saúde dos EUA, mas vai descobrir que precisa apresentar essa ideia através de um personagem de um motorista de ônibus legalmente cego ou como uma dançarina exótica cujos seios estão se candidatando a prefeito. (Pensando bem, essa é uma boa ideia de esquete.) No fim das contas, você vai fazer o que for preciso para conquistar a plateia.

Harvard é teoria militar clássica, improvisação é o Vietnã.

Isto tudo é para dizer que os garotos de Harvard e as pessoas do Second City/Groundlings dão lindos casamentos de comédia. Os caras de Harvard impedem os improvisadores de entrarem de cabeça no sentimentalismo. (Steve Higgins brincava que todos os esquetes do Second City acabavam com uma música sentimental e alguém dizendo: "Eu te amo, pai.")

Os caras de Harvard verificam a lógica e a construção de todas as piadas, e os improvisadores os ensinam a serem seres humanos. É como Spock e Kirk. (Se quiser juntar todas as minhas metáforas, seria o Spock usando um boldrié e passando a noite em claro para escrever o esquete de um programa de entrevistas com um Kirk Rambo mentalmente destruído.)

Tentei aplicar a lição do Lorne quando contratei os funcionários do *30 Rock*, e tudo deu certo até agora. Nossos funcionários atuais são quatro nerds de Harvard, quatro artistas que viraram roteiristas, dois nerds normais e dois idiotas.

4) "A televisão é um instrumento visual."

Lorne disse isso para mim muitas vezes. Basicamente significa "Vai dormir, está com cara de cansada". Você pode querer ser dedicado e passar a noite em claro com os roteiristas, mas se vai aparecer no programa, não pode. Seu "respeito" com os funcionários não vai ajudar ninguém se parece um cadáver na TV. Além do mais, não tenha medo de permitir que arrumem seu cabelo, façam sua maquiagem e acertem a luz. Não é uma questão de vaidade, porque, se você estiver esquisito, vai distrair as pessoas do que está tentando fazer. Se você estiver o mais bonito possível, as pessoas vão conseguir prestar atenção no que você está dizendo.

5) "Não tome grandes decisões assim que a temporada acabar."

Este é o mesmo conselho que dão para as pessoas que acabaram de sair da clínica de reabilitação. Depois de um período de trabalho exaustivo (ou que pensam ser um trabalho exaustivo neste nosso universo frouxo), você vai ansiar por algum tipo de recompensa. Não deixe que isso o leve a tomar uma decisão importante com pressa, como comprar uma casa nova, se casar ou ser sócio de um time de beisebol de uma liga secundária, da qual possa se arrepender depois. A coisa mais interessante sobre este conselho é que ninguém segue.

6) "Nunca corte para a cena de uma porta fechada."

Lorne reclamou disso uma vez com exasperação por causa de um esquete do qual não me lembro. O diretor cortou para a cena da porta cedo demais, antes do ator entrar, e Lorne achou que tínhamos "perdido a plateia" naquele momento. Isso quer dizer muitas coisas: comédia é sobre confiança e, no momento em que a plateia sente que faltou confiança, eles ficam nervosos por você e não conseguem rir. Lorne teria preferido que o corte de câmera seguisse o som do ator batendo na porta. Isso quer dizer que o esquete precisa conduzir o padrão de cortes, o que significa que o conteúdo precisa ditar o estilo, o que me leva a dizer que, na TV, o roteirista é o rei.

Na versão mais extrapolada, acho que "Nunca corte para a cena de uma porta fechada" quer dizer "Não se esqueça do efeito dramático". Faça a entrada ser no tempo certo e de forma empolgante. Deixe o set bonito na época do Natal. Acrescente umas dançarinas! Não há mal nenhum em deixar as coisas mais divertidas, e você não ganha crédito extra por deixar as coisas indie e deprimentes.

Ou — e isso é uma possibilidade remota — não quer dizer nada, e ele simplesmente estava de mau humor.

7) "Não contrate ninguém que você não gostaria de encontrar no corredor às 3 horas da manhã."

Este conselho é extremamente útil. Nós trabalhamos por horas a fio nesses programas e, não importa que o roteiro da pessoa seja muito engraçado, se ela falar demais, for carente demais ou brava demais para se aturar no meio da noite, perto da impressora, fique longe. Deve ter sido assim que consegui passar pela primeira entrevista de trabalho. Não fui dinâmica, mas pelo menos não dei uma de louca.

8) Nunca diga a uma pessoa louca que ela é louca.

Apesar de nunca ter sido dito publicamente, essa parece ser a especialidade do Lorne. Houve vários momentos durante meus nove anos no programa onde eu não entendia por que Lorne simplesmente não mandava as pessoas "pararem de encher o saco". Roteiristas excêntricos mandavam esquetes com 17 minutos de duração; artistas imaturos davam chiliques quando o esquete deles aparecia mais tarde no programa. Todos os meus péssimos instintos me diriam para puxar esses problemáticos de lado e dar um esporro de diretora de escola neles. "Por favor, me explique por que o seu esquete merece ser três vezes mais longo do que o de todo mundo. Por que não aceita os cortes perfeitamente razoáveis que eu sugeri?"; "Como você ousa dar um piti sobre a hora em que o seu esquete vai aparecer? Algumas pessoas não vão nem aparecer no programa. Você acha que está trabalhando mais do que todo mundo? Todos nós estamos trabalhando muito!", mas não existe nenhum curso de gerência no mundo que recomende o automoralismo como ferramenta.

Lorne tem uma maneira indireta e muito eficaz de lidar com os insanos. A melhor forma de descrevê-la é com uma piada antiga que as pessoas conhecem por causa do filme *Noivo neurótico, noiva nervosa*. Um homem vai ao psiquiatra e diz: "Meu irmão enlouqueceu. Ele acha que é uma galinha", e o psiquiatra diz: "Você já disse para ele que ele não é uma galinha?" O homem responde: "Eu até diria, mas precisamos dos ovos." Lorne sabe que as pessoas mais cansativas são aquelas que ocasionalmente fazem as melhores coisas. Como posso explicar a presença de pessoas loucas na equipe se estamos seguindo a Regra nº 7? Fácil: *essas* pessoas loucas são encantadoras, brilhantes e muito divertidas de se encontrar às 3 horas da manhã no corredor. Além do mais, algumas pessoas entram sãs no programa, e o programa as deixa loucas.

Para ser justa com os outros, vou me usar como exemplo. Em outubro de 2001, Manhattan era um lugar tenso de se trabalhar.

Mas continuamos indo ao trabalho porque parecia ser a coisa "churchilliana" a se fazer. Numa sexta de manhã, eu estava sentada no meu minicamarim no Rockefeller Plaza, nº 30, tentando escrever piadas para o "Weekend Update". Eu estava lendo um maço grande de recortes de jornal, procurando alguma coisa divertida para dizer sobre o Afeganistão, o Talibã, Saddam Hussein, as mortes por antraz no correio: era deprimente. Então, na TV no canto da sala, Lester Holt aparece na MSNBC e diz: "Notícia de última hora. Encontraram antraz no Rockefeller Plaza, nº 30. Oficiais da CDC estão investigando a substância potencialmente fatal, que foi encontrada num pacote suspeito endereçado para o âncora da *NBC Nightly News* Tom Brokaw e enviado para seu escritório no Rockefeller Plaza, nº 30." Se você tem habilidade minimamente medíocre de compreensão de leitura, vai se lembrar do início deste parágrafo, onde eu disse que também estava no Rockefeller Antraz Plaza, nº 30. Não era Rockefeller Plaza, nº 45. Não era a Sexta Avenida, nº 1661. Rockefeller Plaza, nº 30. "Não", pensei. "Eu desisto." Vesti meu casaco e desci, passando pelos meus amigos e colegas de trabalho sem dizer nada. Passei direto pela apresentadora daquela semana, a doce Drew Barrymore, sem contar a ela o que eu tinha acabado de descobrir. Simplesmente peguei o elevador e fui embora. Subi a Sexta Avenida até a Central Park West. Subi a Central Park West até a rua 96 e atravessei até o meu apartamento na West End Avenue, onde esperaria até morrer.

Várias horas mais tarde, Lorne ligou e disse gentilmente: "Todos estamos aqui. Você e Drew foram as únicas que foram embora... e Drew voltou há algumas horas, então... Vamos pedir comida, se você quiser voltar." Foi a maneira mais gentil e não mandona de dizer: "Você está passando vergonha." Voltei para o trabalho naquela noite a tempo de encontrar todo mundo junto no andar do estúdio. Andy

Lack, o diretor da NBC News, estava fazendo uma reunião de emergência com a equipe. Mais uma vez, não há nada mais bizarro do que um monte de adultos em silêncio total. O Sr. Lack explicou que o envelope tinha sido encontrado no escritório da NBC News no 3º andar, e os oficiais da CDC iam "examinar" os funcionários do 2º ao 6º andar só para garantir. (Você se lembra dessas expressões divertidas de 2001? "Examinar", "Cutâneo", "Cipro", "Eu sou Zoolander".) Alguns dos câmeras estavam revoltados porque nós, as pessoas do no 8º andar, não seríamos examinadas. De vez em quando, eles faziam bico no News. A discussão esquentou. Enquanto eu assistia da plateia, lembro de sentir muito carinho por todos os presentes. Senti como se fôssemos uma família e que, se tivéssemos que partir, pelo menos íamos partir juntos. Acho que eu tinha esquecido que, algumas horas antes, eu tinha fugido, largando todos eles para morrer. Tenho uma capacidade alemã única de oscilar entre o sentimentalismo e a frieza.

A questão é que Lorne não fez o que eu teria feito, que seria dizer: "Você está dando uma de louca. Volte para cá. Todo mundo está aqui. Você se acha mais importante do que todo mundo?" Ele também não foi superlegal comigo, algo que eu teria feito se estivesse tentando compensar pela minha severidade natural. "Você está bem? Se você precisar tirar alguns dias de folga, tenho certeza de que podemos dar um jeito, blá-blá-blá."

Em vez disso, ele deu um jeito de me fazer voltar despercebida, como se o meu colapso nervoso nunca tivesse acontecido. "Vamos pedir comida. O que você quer?"

Ele sabia como arranjar os ovos.

Urinando em jarras com os meninos

Meu primeiro programa como roteirista no *Saturday Night Live* foi ao ar dia 27 de setembro, 1997. O apresentador era Sylvester Stallone. Foi a primeira vez que vi um artista de cinema de verdade tão perto. Os artistas de cinema de verdade são diferentes das pessoas normais. Eles são quase sempre mais baixos e geralmente têm dentes, sapatos e relógios mais bonitos do que qualquer outra pessoa no mesmo ambiente. O Sr. Stallone fumou um charuto durante a reunião, o que mostra como ele é sinistro. Não me lembro que ideias dei para os esquetes naquela primeira reunião, mas sei que, na minha primeira noite como roteirista, tive um bloqueio. Fiquei sentada na frente do computador das 13 horas de terça-feira até 9 horas da manhã de quarta-feira e não produzi nada. Não estava acostumada a ficar escrevendo sozinha. Havia passado dois anos improvisando com outras cinco pessoas. Acabei mandando um esquete antigo que eu tinha escrito como parte da entrevista deste mesmo emprego.

Não preciso nem dizer que meu esquete não foi selecionado para o programa, mas fui designada a ajudar a "produzir" um esquete que Cheri Oteri tinha escrito com outro roteirista. Os roteiristas geralmente são designados a ajudar na produção de esquetes escritos por artistas. Fiquei seguindo Cheri e o roteirista Scott Wainio durante os ensaios, dando ideias para piadas de vez em quando, e elas foram (justamente) ignoradas. Durante o ensaio geral, Lorne avisou que não conseguia entender o que Stallone dizia no esquete e que deveríamos pedir para ele falar com mais clareza. Fiquei parada nervosa na frente do camarim com Scott Wainio. Ele já trabalhava lá havia um ano, então imaginei que ele saberia o que fazer. O nível de experiência do Scott ficou evidente quando ele olhou para mim e deu de ombros: "*Você* vai falar com ele."

Minha obediência clássica entrou em ação, e me vi batendo na porta e sendo chamada para entrar. O Juiz Dredd em pessoa estava no sofá vestindo uma regata, fumando mais um charuto. Ele olhou para mim. Murmurei: "No esquete da Rita, foi um pouco difícil de entender você. Será que pode falar com um pouco mais de clareza?", Stallone não se afetou. "Nãotámeentendeno? Pecisaqueeu falecommaiscaeza? Beleza." Ele não poderia ter sido mais tranquilo. Acho que não foi a primeira vez em sua carreira que alguém pediu isso para ele. Saí do camarim e relaxei manualmente as minhas nádegas. Ao longo dos anos, acabei percebendo que os apresentadores artistas de cinema eram apenas pessoas que queriam fazer um bom trabalho e (com exceção de alguns poucos imbecis) ficavam felizes em receber direções. Quem eram os imbecis, você quer saber? Não poderia dizer. Mas se quiser descobrir, vou dar uma pista: as letras dos nomes deles estão espalhadas aleatoriamente neste capítulo.

A única outra coisa que me lembro do programa com Sylvester Stallone é que eles fizeram um monólogo sobre Rocky e precisavam de alguém que fizesse Adrian, a esposa do Rocky. Cheri queria muito o papel — ela era baixinha, da Filadélfia, imitava bem Talia Shire — mas, em vez disso, alguém achou que seria mais engraçado colocar Chris Kattan de vestido. Me lembro de achar que aquilo era ridículo.

Eu não era responsável pelo processo de decisões na época, afinal, era a minha primeira semana. Quando falei sobre isso recentemente com o produtor Steve Higgins, ele (compreensivamente) não conseguia se lembrar de quem tinha sido a ideia, e achou que poderia até ter sido do Sylvester Stallone. Sem ofender Kattan, que eu amo, nem Sylvester Stallone, mas acho que Cheri teria sido uma Adrian mais engraçada. Agora, uma história sobre alguém frustrado e se sentindo traído no programa quase não vale a pena mencionar. Acontece com todo mundo, homem ou mulher, em algum momento, toda semana. O *Saturday Night Live* funciona com um motor de combustão de ambição e decepção.

Mas contei essa história específica sobre Cheri sendo trocada pelo Kattan-travesti porque demonstra como as coisas eram na primeira semana em que eu estava lá. Na época que fui embora, nove anos mais tarde, isso nunca teria acontecido. Ninguém teria imaginado nem por um segundo que um cara de vestido seria mais engraçado do que Amy, Maya ou Kristen. As mulheres no elenco dominaram o programa naquela década, e tive o prazer de estar presente para testemunhar isso.

Uma PQSP (Pergunta Que Sempre Perguntam)

As pessoas sempre me perguntam qual é a diferença entre comediantes masculinos e femininos. Os homens e as mulheres acham coisas diferentes engraçadas? Eu geralmente tento responder de um jeito tão diplomático e chato que a pessoa simplesmente vai embora. É algo como: "Há uma tremenda quantidade de convergências no que os homens e as mulheres acham engraçado. E, odeio generalizar, mas diria que, nos limites do espectro, os homens preferem elementos viscerais e absurdos, como tubarões e robôs, já as mulheres são mais atraídas por piadas baseadas em personagens e idiossincrasias verbais...", você já foi embora?

Eis a verdade: existe uma diferença, sim, entre *roteiristas* de comédia masculinos e femininos, e vou revelar essa diferença agora. Os homens urinam em copos. E, às vezes, em jarras. Uma das primeiras vezes em que entrei no escritório do Steve Higgins, meu antigo chefe, ele estava comendo uma maçã e fumando um cigarro ao mesmo tempo. (Quando entrei no *SNL*, você ainda podia fumar dentro de um escritório. Talvez eu não seja jovem.) Eu estava lá havia poucas semanas, e Steve havia me estimulado e me apoiado muito. Não me lembro do que estávamos falando, mas fui pegar um livro de referência numa prateleira alta no escritório do Steve. Fui pegar o copo de papel que estava na frente do livro, e Higgins deu um pulo. "Não encoste nisso. Espere um pouco." Ele pegou aquele copo e alguns outros copos que estavam espalhados no escritório e saiu para jogá-los fora.

"Ah, é, tem xixi naqueles copos", minha amiga Paula me informou depois. Eu não podia acreditar. Tinha vindo do Second City, que não era nem um pouco limpo — não era nenhuma novidade ver uma ratazana parindo num cinzeiro lotado, por exemplo. Mas eu nunca tinha ouvido falar de alguém que urinasse num copo, a não ser que fosse algum exame médico. *Talvez* você fizesse isso numa viagem se não houvesse banheiro no caminho. Eu, com certeza, nunca tinha ouvido falar de alguém que urinasse num copo e o deixasse no próprio escritório, numa estante, para que o xixi evaporasse e fosse reabsorvido no corpo daquela pessoa através dos poros do seu rosto.

Contei para outro colega de trabalho o que tinha visto. Não era a coisa mais nojenta do mundo? Ele respondeu casualmente que, às vezes, ele fazia isso também. Mas não o tempo todo. Ele disse que era uma coisa que os caras faziam quando estavam com preguiça de ir ao banheiro. O banheiro, devo dizer, tinha a mesma distância que existe entre você e este livro. Comecei a sentir como se eu fosse de outro planeta.

Liguei para Jeff, que estava em Chicago. "Você cresceu no interior com um monte de irmãos. Vocês já urinaram num copo e, tipo, largaram por perto?" Jeff não podia acreditar: "O quê? Não! Isso é nojento." Mil pontos para Jeff.

Depois que fiquei sabendo dessa prática, comecei a reparar nos copos em outros lugares. Nos escritórios do "Weekend Update" — que eram como um irmão mais velho e cruel dos escritórios dos roteiristas normais — não havia copo nenhum. Havia uma jarra.* Era uma jarra de xixi com uma tampa e, pela consistência que tinha, suspeito que eles às vezes cuspiam naquele xixi. Ou então algum deles estava muito doente. Não dava para ver a jarra quando você entrava, iluminada por trás pelo sol da tarde e, no começo, eu achava que era um teste. Se você visse a jarra de xixi e ousasse ignorá-la e continuasse no mesmo lugar, você era bem-vindo. "Bem-vindo" é forte demais. Você era... um dos caras? Não, quer saber? Quanto mais penso sobre isso, vejo que estou projetando. Não poderia ser

---

* Quando perguntei para Steve Higgins se ele se lembrava da jarra de xixi do "Weekend Update", ele disse: "Lembro, sim. E não se esqueça de comentar sobre a meleca que alguém limpou na parede e que pintaram por cima." Então estou comentando.

um teste porque eles não estavam nem aí se você entrasse ou não no escritório.

E não, *nem todos os homens urinavam em copos*. Mas quatro ou cinco de vinte urinavam, então os homens vão ter que assumir isso. Toda vez que alguma mulher faz um stand-up ruim em algum lugar, algum interblogger babaca vai deduzir que "as mulheres não são engraçadas". Usando essa mesma matemática, posso declarar o seguinte: roteiristas homens de comédia urinam em copos.

Além disso, eles gostam de fingir que estão estuprando uns aos outros. É... Não se preocupe com isso. É inofensivo, na verdade.

Então, para resumir minhas generalizações que fazem todos irem embora, os homens estão na comédia para quebrar as regras. Por outro lado, as mulheres que conheço na comédia são todas boas filhas, boas cidadãs, educadas e com diploma de faculdade. Talvez nós mulheres sejamos atraídas pela comédia porque é uma maneira socialmente aceita para quebrar as regras e extravasar da nossa rotina. Você já desistiu de mim?

Modess Clássico

Esta é a história do meu maior momento de orgulho como roteirista-chefe do *SNL*.

No começo de cada temporada, a equipe escrevia as paródias de comerciais — os comercias falsos que você curte desde 1975, como "Schmitt's Gay" e "Colon Blow". Eu queria ter escrito qualquer um deles, mas não escrevi. (Escrevi "Mom Jean's", "Annuale" e "Excedrin para dores de cabeça geradas pela tensão racial", se é que isso ajuda.)

Cada roteirista mandava dois ou três roteiros, e os produtores e roteiristas-chefe escolhiam os comerciais que seriam gravados.

Tentávamos escolher com cuidado porque, ao contrário dos esquetes ao vivo, os comerciais eram gravados em filme (nos dias antes do vídeo HD) e poderiam custar até cem mil dólares. Era muito importante ter sua paródia comercial escolhida porque elas eram permanentes. Podiam se repetir para sempre. Mais uma vez, isso era nos dias antes do YouTube, então as reprises eram significantes e lucrativas.

Numa semana normal no *SNL*, todos os esquetes eram lidos em voz alta pelo elenco numa "leitura de mesa", na frente de toda a equipe. A sala ficava lotada, com todos os roteiristas, designers, diretores de palco, músicos etc., então tinha uma grande plateia. Todo mundo pode ouvir o que gera risadas e todo mundo tinha uma noção dos esquetes que dariam certo. As paródias de comercial não tinham esse tratamento, e escolher os que seriam produzidos despertava o pior nas pessoas.

Eu lia o pacote de quarenta roteiros e escolhia os que eu gostava. Dennis McNicholas, o outro roteirista-chefe, escolhia os que ele gostava. Não era de se surpreender que nós dois preferíssemos os roteiros escritos pelos amigos de cada um. (Havia uma regra não dita sobre *nunca* escolher os próprios esquetes, nunca.)

Depois nós encurralávamos secretamente os produtores — Steve Higgins e Tim Herlihy — e tentávamos fazer com que concordassem conosco. Higgins, Herlihy, Dennis e eu seguíamos nessa quadrilha de trair um ao outro durante mais ou menos uma semana, só para descobrir que Jim Signorelli, o ostentoso e eterno diretor desses comerciais gravados, já tinha começado a fazer a paródia que ele gostava sem falar nada com ninguém, geralmente porque eram comerciais com preços altos de produção ou que tinham um estilo visual que ele estava a fim de gravar. É um milagre que as coisas dessem certo.

Houve um roteiro de paródia pelo qual realmente lutei. Foi na época em que o "clássico" era moda no mundo da propaganda. Coca-Cola clássica. Reebok clássico. Paula Pell, que é muito, muito engraçada, tinha escrito um roteiro chamado Modess Clássico. Era como se a Modess estivesse tentando despertar a nostalgia pelos absorventes enormes dos anos 1960 que vinham com um cinto. O comercial apresentava as mulheres do elenco fazendo atividades divertidas da "mulher moderna" enquanto usavam absorventes gigantes que apareciam por cima da calça jeans de cintura baixa. Para mim, era uma excelente paródia do marketing baseado em nostalgia, além de ser um pouco chocante e bobo, o que é ótimo para um comercial do *SNL*. Eu sempre falava desse comercial nas reuniões, mas sempre diziam que seria "difícil demais de produzir". Paula e eu não tínhamos certeza do que isso queria dizer, então continuamos insistindo. Finalmente, Steve Higgins e Jim Signorelli sentaram com a gente e pediram uma explicação. "Como é que vamos ver? Ele sobe na frente? Teríamos que fazer um zoom nele? As mulheres não vão ter que tirar a calça? Vocês mostrariam o sangue?"

E isso é o que a Oprah chamaria de um Momento "Ahá". (Marca registrada da Oprah Winfrey; por favor, mande um cheque de US$ 0,89 para a Harpo Industries por ter lido isso.) Eles não sabiam o que era um cinto para absorvente. Naquele momento, percebi que não havia um "machismo institucionalizado" naquele lugar. Às vezes eles literalmente não sabiam do que estávamos falando. Assim como a gente não tinha conhecimento do costume completamente normal de urinar em jarras, eles nunca receberam um Modess quando tinham 15 anos da enfermeira da escola. Mas eles confiavam em mim e na Paula, então tenho orgulho de dizer que fizemos o comercial e que ele deu certo.

Duas coisas me tranquilizaram com esta história. Primeira, fomos ouvidas. Porque Paula escrevia um sucesso atrás de outro — escreveu os esquetes dos líderes de torcida, entre muitas outras coisas —, eles estavam dispostos a confiar em nós.

E, a mais importante, durante todos aqueles anos onde eu tinha *certeza* de que os garotos percebiam meu absorvente do tamanho de um pão fazendo volume na parte de trás da minha calça, na verdade, eles não faziam ideia.

Não estou nem aí se você gosta ou não

(Uma entre muitas cartas de amor a Amy Poehler)

Amy Poehler tinha acabado de chegar ao *SNL*, e estávamos todos reunidos na sala dos roteiristas no 7º andar esperando a leitura de quarta-feira começar. Sempre rolavam várias "cenas de comédia" barulhentas naquela sala. Amy estava no meio de uma dessas encenações bobas com Seth Meyers do outro lado da mesa, e ela fez alguma brincadeira vulgar. Não lembro exatamente o que era, só sei que era nojento, barulhento e "pouco feminino".

Jimmy Fallon, que era discutivelmente a estrela do programa na época, se virou para ela e disse com uma voz delicada falsa: "Para com isso! Não é fofo! Não gosto."

Amy parou de fazer o que estava fazendo, ficou com os olhos negros por um segundo e chegou perto dele. "Não estou nem aí se você gosta ou não, porra." Jimmy ficou visivelmente surpreso. Amy voltou imediatamente a aproveitar sua cena ridícula. (Preciso deixar claro que Jimmy e Amy são muito amigos e que nunca houve de fato nenhuma questão entre eles. Insira uma piada de pênis aqui.)

Com essa troca, uma mudança cósmica ocorreu. Amy tinha deixado claro que não estava ali para ser fofa. Não estava ali para fazer o papel da esposa ou da namorada nas cenas dos homens. Ela estava ali para fazer o que quisesse e não estava nem aí se você gostava ou não, porra.

Fiquei tão feliz. Estranhamente, me lembro de pensar: "Minha amiga está aqui! Minha amiga está aqui!" Apesar de as coisas estarem ótimas para mim no programa, com Amy por lá, eu me sentia menos sozinha.

Penso nisso toda vez que alguém diz: "Jerry Lewis diz que as mulheres não são engraçadas", ou "Christopher Hitchens diz que as mulheres não são engraçadas", ou "Rick Fenderman diz que as mulheres não são engraçadas... Você tem algo a dizer sobre isso?"

Tenho. Não estamos nem aí se você gosta ou não, porra.

Não digo isso em voz alta, é claro, porque Jerry Lewis é um grande filantropo, Hitchens está muito doente e o terceiro cara eu inventei.

A não ser que um desses homens seja meu chefe, o que não é o caso, isso é irrelevante. Tiro o meu chapéu para eles. É uma atitude incrivelmente arrogante concluir que, só porque *você* não gosta de uma coisa, ela é empiricamente ruim. Não gosto de comida chinesa, mas não escrevo artigos tentando provar que ela não existe.

Segue então o meu conselho não solicitado para as mulheres no local de trabalho. Quando der de cara com a discriminação sexual ou etária ou relacionada à aparência ou até mesmo um budismo muito agressivo, pergunte a você mesma: "Essa pessoa está entre mim e o que quero fazer?". Se a resposta for "não", ignore e siga em frente. Sua energia será mais bem-utilizada no seu trabalho para que você ultrapasse essas pessoas. Depois, quando estiver no comando, não contrate as pessoas que foram babacas com você.

Se a resposta for "sim", você tem um caminho mais difícil pela frente. Sugiro que molde sua atitude com base num vídeo antigo da *Vila Sésamo* chamado "Por Cima! Por Baixo! Por Dentro!" (Se você tem menos de 40 anos, talvez não se lembre desse vídeo. Ele ensinava os conceitos de "por cima", "por baixo" e "por dentro" ao filmar bebês engatinhando numa obra abandonada. Esse vídeo não passa mais porque alguém percebeu que isso é insano.)

Se o seu chefe é um babaca, tente achar alguém que esteja acima ou no mesmo nível dele que não seja babaca.* Se tiver sorte, vai haver um campo de provas neutro em seu local de trabalho — como o estande de tiro ao alvo ou o quadro do total de carros vendidos ou a leitura do *SNL*. Se houver, concentre-se nisso.

Mais uma vez, não desperdice a sua energia tentando educar ou mudar opiniões. Vai "Por Cima! Por Baixo! Por Dentro!" e as opiniões vão mudar organicamente quando você for a chefe. Ou não. Quem se importa?

Faça o que quiser e não esteja nem aí se eles gostam ou não.

* Existe algum local de trabalho só de babacas? Existe. Eu evitaria logo de cara trabalhar com os negociadores de Wall Street ou com as mulheres que tomam conta dos provadores das lojas de departamento.

Lindo, maravilhoso, assim não

Às vezes as pessoas me perguntam: "Como é fazer uma sessão de fotos para uma revista? Você gosta desse tipo de coisa?" Vou ser completamente sincera. Publicidade e coisas para a imprensa são apenas ossos do ofício. Você se importa mesmo é com seu trabalho, porque é a sua profissão e ela é a sua arte e as sessões de foto são AS COISAS MAIS DIVERTIDAS DO MUNDO!

Caso você se encontre numa sessão de fotos para a capa de uma revista (isso pode acontecer, porque Snooki e eu já fomos capa de revista, então qualquer coisa é possível!), vou dizer o que se pode esperar.

Geralmente acontece em algum lugar descolado chamado White ou Smash House ou Jinx Studios. Às vezes é num hotel maravilhoso. Onde quer que seja, é um lugar mais legal do que o lugar onde foi seu casamento. Você pega um elevador de carga até o loft maravilhoso onde tem um café e tudo é de graça. De graça!

Sugiro que você apareça de banho tomado e com o cabelo úmido. Além de ser uma gentileza para a equipe de cabelo e maquiagem, você ajuda a não *elevar muito as expectativas*. Se chegar parecendo uma coxa de galinha crua, eles vão ficar muito felizes com a transformação quando acabarem a maquiagem. Acho que é isso que Jesse Jackson chama de "a genialidade sutil de poucas expectativas", mas posso ter citado errado.

Vão apresentá-lo à estilista e mostrar araras e mais araras de roupas. A estilista foi informada previamente do seu tamanho, mas resolveu ignorar esse fato. Todos os sapatos vão ficar grandes demais e todas as calças e saias são para crianças de 5 anos. As estilistas gostam de compor alguns visuais antes de fazerem cabelo e maquiagem, então você vai experimentar umas vinte ou trinta coisas. Alguém improvisará uma parede segurando um espelho de corpo inteiro do lado de uma janela aberta, e você vai ficar pelada. Não olhe para suas pernas carnudas e seus pés chatos no espelho, porque hoje é um dia de sonhos e ilusões, e a luz diurna natural e sem filtro é a inimiga dos sonhos.

Quando você inevitavelmente não couber na roupa, a assistente da estilista será chamada para ajudá-lo. A assistente da estilista vai ser uma asiática chique de 20 anos, chamada Esther ou Agnes ou Esposa de Ló.

Em alguns anos, ela vai gerenciar a equipe editorial, mas, no momento, a função dela é enfiar o traseiro nu das mulheres de meia-idade num vestido Prada e fechar o zíper. No meu caso, Esther e eu sempre ficamos frustradas na hora de fechar o zíper de um minivestido. Esther está enojada com a minha massa corporal celulitosa e sua baixa posição corporativa. Estou irritada porque suas mãos pequenas não têm força o suficiente para colocar a praga de Pandora de volta na caixa. "Como vão as coisas?", diz a estilista de maneira passivo-agressiva. Os reforços são chamados para esmagar ambos os lados da minha caixa torácica até o zíper fechar. Para evitar conflitos, culpamos um terceiro elemento. "É essa porcaria de zíper invisível!", dizemos em uníssono. "Não sei por que os estilistas usam esse troço!"

O motivo de nenhum dos vestidos caber em mim é porque são "amostras". Eles são da passarela e foram feitos para caber em modelos. Às vezes, até caibo numa amostra porque, com 1,65m, tenho o tamanho da cintura de uma modelo de dois metros. "Você cabe numa amostra!", me dizem triunfantemente, com o vestido quase estourando as costuras, sessenta centímetros mais comprido, e a meia-taça do sutiã logo acima do meu umbigo. Eles querem que isso seja importante para você, então entre na onda.

Depois, você é levada à cadeira para arrumar o cabelo e ser maquiada. "Está com alguma coisa no rosto?", pergunta gentilmente a maquiadora. Não tem nada no seu rosto porque, como mencionado anteriormente, você deu uma de preguiçosa. Então, a maquiadora vai gentilmente aplicar um hidratante caro na sua coxa de frango enquanto um cabeleireiro faz massagem no seu couro cabeludo (procurando secretamente algum buraco careca).

Quando estiver hidratada e tiver tomado seu cappuccino grátis, a transformação da maquiagem começa de verdade. Eles arrancam sua sobrancelha pelo que parecem ser vinte minutos apesar de você já ter feito a sobrancelha na noite anterior.

Se você é como eu, provavelmente demora de dez a doze segundos por dia para passar lápis e rímel nos olhos. Talvez até use cinco segundos para passar uma sombra se for noite de Ano-Novo. A maquiadora da sessão de fotos vai trabalhar suas pálpebras metodicamente com uma série de pincéis pequenos durante cem minutos. É relaxante, na verdade, porque você precisa ficar imóvel e não pode fazer absolutamente nada. Ela vai fazer uma coisa antes de passar lápis na sua boca, que é colocar o dedo no seu lábio superior e empurrar gentilmente. Quando ela terminar, vai parecer que você tem lábios! Não é aquela coisa de avó bizarra e exagerada que *você* faria, e sim um presente de Deus.

Enquanto essas coisas estão rolando, alguém faz uma manicure e uma pedicure em você. Nas sessões de fotos mais chiques, um fecalista de celebridades vai examinar seus movimentos peristálticos e calibrar seus humores.

A massagem na coxa e as luzes aquecidas do espelho de maquiagem são tão aconchegantes que você quase acredita que *esta* é a sua vida de verdade, em vez daquela merda eterna e degradante de "procurar o talão de cheques" e "fazer macarrão" que você tem em casa.

Em algum momento da manhã, um dos estilistas ou publicitários ou fecalistas vai declarar que o café grátis "não está funcionando para mim", e algum estagiário vai buscar outro tipo de café. Ou suco de pobá. Ou chiclete, Advil, Red Bull, e omelete de clara de ovo que estão destinados a serem esquecidos e largados na bancada da janela.

Eles só começam a arrumar seu cabelo quando a maquiagem termina. Vão fazer uma escova e depois colocá-los em bobs gigantes. A assistente do cabeleireiro passa bobs e grampos quando é ordenada como uma enfermeira numa cirurgia. Esses assistentes fashion e jovens dão uma noção divertida do que o resto de nós vai usar daqui a três anos. De acordo com o que tenho visto ultimamente, podemos esperar animados pela volta das saias compridas e dos cabelos masculinos bagunçados. (As saias compridas vão ser usadas por homens, e o corte de cabelo será feito pelas mulheres.)

Depois que seu cabelo estiver liso, ele será encaracolado, depois apresentado ao fotógrafo/a, que vai encará-lo com a cabeça inclinada para o lado. Depois seu cabelo será alisado novamente.

Dependendo do conceito da sessão e da saúde do seu cabelo natural, podem pedir para você usar apliques. Não tem problema. Um ambiente controlado de sessão de fotos é o lugar certo para extensões de cabelo. Lugares que são menos ideais para as extensões: o mercado, a prisão feminina, um parque aquático.

Depois que você terminar o cabelo e a maquiagem, vai vestir o primeiro visual. Com certeza vai ser um daqueles vestidos que nem sequer chegaram perto de caber, então a Esposa de Ló vai fazer um remendo com um pedaço grosso de elástico branco e alfinetes. Nunca se sinta incomodada quando olhar as revistas. Apenas lembre-se de que todas as pessoas na capa estão com o sutiã e a calcinha aparecendo na fenda aberta atrás. Todo mundo. Heidi Klum, as gêmeas Olsen, David Beckham, todas as pessoas.

Et voilà! Depois de apenas duas ou três horas, você está pronta para ser levada ao fotógrafo e tirar fotos.

Há tipos diferentes de fotógrafos chiques. Alguns são personalidades divertidas como Mario Testino, que uma vez disse para mim: "Levante o queixo, querida, você não tem 18 anos.". Curti a sinceridade dele. Além disso, tenho quase certeza de que ele também diz isso para as modelos de 19 anos.

Alguns fotógrafos planejam todos os detalhes da foto, depois encaixam você nela. Por exemplo, com Annie Leibovitz, você pode ter provas de roupa adiantadas de várias fantasias da Sininho. No dia da sessão, Annie vai escolher uma das fantasias e obscurecê-la com um grande equipamento para deixar você pairando. Depois, ela vai remover o equipamento com o Photoshop, mudar a cor da fantasia e deixar você do tamanho de uma ervilha de qualquer jeito.

Há os fotógrafos "descolados" indiferentes que tiram fotos para a *Rolling Stone* e a *GQ*. Cuidado com esses caras, porque o estilo despreocupado deles pode te enganar e, quando se der conta, está posando sem calça. Ou pior, descalça.

Apoio firmemente nosso direito constitucional de usar sapato, e acredito que mais pessoas devam se aproveitar disso. Nunca fico descalça durante uma sessão de fotos. Mesmo que digam que seus pés estão "fora da foto", não acredite. Sei o que você está pensando e não, eu não tenho pés horrorosos. Talvez meus pés sejam tão maravilhosos que eu queira protegê-los para que tenham uma vida normal. Não quero que eles sejam a Suri Cruise dos pés. Você já pensou nessa possibilidade?

O fotógrafo vai perguntar que tipo de música você quer tocando na sessão. Lembre-se de que o que escolher vai ser ouvido em alto e bom som no loft todo, inclusive pela equipe de pessoas que é tão descolada que chega a ser esnobe.

Apenas murmure: "Hip-hop", ou invente um nome de uma banda que pareça ser hipster e depois dê uma de superior quando eles disserem que nunca ouviram falar. "Vocês têm Asphalt ou Pinking? [decepcionada] Sério? [dá de ombros] Coloquem o que *vocês* quiserem, então."

Às vezes eles perguntam se você quer colocar o *seu* iPod como música de fundo. Não faça isso. É uma armadilha. Eles vão colocar no shuffle e, não importa o quanto de Beastie Boys e Velvet Underground você tenha, as seguintes músicas vão tocar em ordem: "We'd Like to Thank You Herbert Hoover", do filme *Annie*; "Hold On", da banda Wilson Phillips; "That's What Friends Are For", Vários Artistas; e "We'd Like to Thank You Herbert Hoover", do filme *Annie*.

Para conseguir superar o processo da sessão em si, seguem as três habilidades que você precisa dominar.

1) Pose

Posar para uma foto glamourosa bem-sucedida é muito simples. Comece com o básico. Fique de lado. Encoste numa parede. Levante um pouco seu queixo para alongar o pescoço. Relaxe os ombros. Faça ângulos onde for possível. Se você tiver mais de 24 anos, sorria o tempo todo. Mantenha seus braços levemente afastados do corpo para não esmagá-los e deixá-los mais largos. Encolha a barriga para dentro e para cima e empine o traseiro, no estilo Pilates. Seja você mesma. Quando olhar para a lente da câmera, imagine que está olhando para uma amiga querida, mas não uma amiga que riria de você por levantar o queixo enquanto empina o traseiro contra uma parede falsa.

Conheça suas fraquezas. Por exemplo, tenho o que pode ser descrito como "olhos de tubarão morto". Mas, se eu me esforçar demais para parecer alerta, fico com cara de louca, como a noiva em fuga. Se um ataque de "expressões bizarras" surgir, o truque é não olhar para a câmera entre as fotos e só olhar quando for necessário. Isso também limita a quantidade que a câmera pode roubar da sua alma.

2) Lidar com o que está sendo dito para você

A maioria dos fotógrafos tem um problema de tagarelice quando tiram as fotos: "Ótimo. Vire para mim. Sorriso grande. Menos olhos de tubarão. Divirta-se. Assim não."

Alguns fotógrafos são compulsivamente efusivos. "Lindo. Sensacional. Maravilhoso! Ah, tão maravilhoso!", eles gritam na velocidade do obturador. Se você é qualquer coisa menos louca, vai perceber que o que dizem não é sincero. É difícil de aguentar porque é mais feedback positivo jogado em você em 15 segundos do que já recebeu em toda sua vida. Seria como sair para correr enquanto alguém estivesse do seu lado num carro em câmera lenta gritando: "Isso! Você é Carl Lewis! Você está quebrando um recorde mundial agora. Sensacional! Você é rápida. Você está indo muito rápido, isso!"

Com o vento batendo nos seus longos apliques de cabelo, você se sente como Beyoncé. No momento em que a máquina de vento para, se olha rapidamente no espelho e pergunta: "Por que a mãe de *O destino mudou sua vida* está aqui?"

Seu impulso será murchar de vergonha. Não faça isso! Antes de olhar para cima atrás do balde com sangue de porco, lembre-se de que a sua terceira e mais difícil tarefa é "Tentar se divertir".

3) Tentar se divertir (prossiga como se você estivesse linda)

Isto requer um nível de ilusão/egomania geralmente reservadas para papas e drag queens, mas você consegue. É como ser criança de novo, desfilando pela casa com uma camisola enfiada na calcinha, achando que está arrasando. O seu "bom senso" sabe que você está ridícula com um vestido semiaberto e sapatos gigantes, mas é preciso voltar à 3ª série, com aquele cafetã retalhado da sua mãe, bebendo refrigerante numa taça de champanhe enquanto assiste *The Love Boat*. Você nunca esteve tão glamourosa.

"Acredite que você merece estar na capa", diria Mario Testino para uma mulher de 40 anos tensa e com olhos de tubarão.

Depois de mais ou menos 17 minutos de fotos, eles pedem o almoço. O bufê faz você finalmente se sentir como a pessoa que sempre quis ser. Tortinhas de legumes. Salada de rúcula com figo, quinoa, um peixe que é, de alguma forma, mais saboroso e gostoso do que um hambúrguer do Wendy's. Minitortas de limão com suspiro. Chá gelado de hibisco. Você fantasia sobre como sua vida poderia ser maravilhosa se esse tipo de comida fosse oferecida a você todo dia. Ah, a energia que você teria! Suas fezes seriam de qualidade de museu. Você poderia finalmente impressionar o fecalista.

A esta altura, alguém do seu trabalho de verdade ou da sua casa vai ligar para saber notícias. Finja que está exausta e que essa coisa de sessão de fotos é uma grande inconveniência. Diga que vai acabar às 18 horas e que chega em casa a tempo para ajudar a organizar as coisas guardadas no porão. Depois, desligue! Não deixe essas pessoas cortarem sua onda!

A tarde vai passar voando enquanto você fica cada vez mais confiante posando como um anúncio antigo do cigarro Virginia Slims.

E então chega ao fim. Você veste novamente a calça de moletom, escova o cabelo — o qual a esta altura está tão bagunçado que parece que passou o dia todo numa pista de aterrissagem/decolagem — e pronto.

Não deixam você ficar com as roupas, aliás. Alguns dizem que as pessoas *muito* famosas podem ficar com as roupas, mas suspeito que são as pessoas mais *exigentes* e *iludidas* que ficam com as roupas porque elas as roubam e ninguém fala nada. As suas únicas lembrancinhas são os cílios falsos que você encontra grudados nos seus seios mais tarde quando entra no banho.

(Alguém deveria fazer um estudo do cérebro humano para avaliar com que rapidez ele se ajusta ao luxo. Você pode pegar uma pessoa que mora na rua há vinte anos e, se deixá-la fazer três sessões de foto, na quarta ela já vai dizer: "Os sapatos Louboutins não ficam bem em mim. Posso experimentar os Roger Vivier?" Na quinta sessão, ela suspiraria: "Não tem as tortinhas de legumes? Que pena!", com um tom passivo-agressivo que significa: "Alguém precisa arranjá-las.")

É possível que fique levemente deprimida nas 36 horas seguintes. Pode se perguntar por que seus entes queridos não gritam: "Linda, maravilhosa, vira para mim!" enquanto você faz ovos mexidos.

Mas seja paciente, pois, em algumas semanas, a revista vai ser lançada e você terá uma prova incontestável de que é uma jovem Catherine Deneuve. Basta uma olhada casual na banca no seu caminho para comprar uma pomada anti-inflamatória, e um dia, lá estará ela! Entre Jessica Simpson e aquelas pessoas do *The Bachelor* que se mataram — é o seu rosto! É o *seu* rosto mesmo, né? Você mal se reconhece com a quantidade de correção digital que foi feita. Eles tiraram seus jarretes e te deram mãos de bebê. As panturrilhas musculosas das quais você geralmente se orgulha foram diminuídas até virarem osso. E qual é a dos olhos? Eles sempre erram embaixo dos olhos. Para tentarem remover as olheiras, eles tiram toda a profundidade, e o seu rosto fica parecendo que foi desenhado num prato de papel. Você estava ansiosa para que tirassem suas cicatrizes de catapora e suas varizes, mas como se sente quando apagam uma parte sua que é perfeitamente tranquila?

Agora entramos no debate sobre a questão mais séria e urgente dos EUA: o Photoshop.

Muitas mulheres ficam revoltadas com o uso do Photoshop nas fotos de revista. Digo "muitas mulheres" porque ainda estou para conhecer o homem que não cague baldes para esse tópico. Nem mesmo um homem gay.

O que penso sobre Photoshop é a mesma coisa que penso sobre o aborto. É um reflexo revoltante e trágico da decadência moral da nossa sociedade... a não ser que *eu* precise, então é bom todo mundo relaxar.

Se acho que Photoshop é usado em excesso? Acho. Vi o anúncio da Louis Vuitton da Madonna e, sinceramente, quando olhei rápido, achei que fosse o filho da Gwen Stefani.

Se me preocupo com as fotos retocadas excessivamente gerarem expectativas irreais e questões com o corpo? Me preocupo, sim. Acho que logo teremos um aumento de mulheres anoréxicas com mais de 70 anos. *Porque apenas as pessoas com mais de 70 anos são enganadas pelo Photoshop*. Apenas a sua tia-avó repassa uma imagem da Sarah Palin segurando um rifle e usando um biquíni da bandeira americana, achando que aquilo é de verdade. Apenas o seu tio Vic manda uma foto do Barack Obama usando uma camisa com uma foice e um martelo e precisa que alguém explique para ele como foi feito no computador.

As pessoas já aprenderam a identificar o Photoshop. Assim como todo mundo já aprendeu a identificar seios falsos — olhe a pele perto das axilas. Se ela não existir, os seios são falsos. Diferentemente dos implantes de silicone, que podem fazer mal à saúde, o retoque digital é relativamente inofensivo. Contanto que todas nós saibamos que é falso, não vai fazer mal à sociedade, assim como uma transmissão de rádio de *A guerra dos mundos*.

O Photoshop é como maquiagem. Quando bem-feito, fica ótimo. Quando é exagerado, você fica parecendo uma babaca louca. Infelizmente, a maioria das pessoas não ousa bem. Para mim, quanto mais chique for a revista de moda, pior é o Photoshop. É como se eles já estivessem tão enojados com o fato de um ser humano precisar estar vestido que não conseguem parar de apagar características humanas.

"Por que não podemos aceitar a forma humana como ela é?", ninguém grita. Não sei por que, mas nunca aceitamos. É por isso que as pessoas usavam espartilho, esticadores de pescoço e perucas.

Se você vai gastar energia ficando com raiva do Photoshop, também precisa ficar com raiva dos brincos. Ninguém tem orelhas que brilham assim! E não deveriam ser assim! Você precisa ficar com raiva de pinturas a óleo — aquelas pessoas não eram daquele jeito! Eu, por exemplo, fico furiosa com o fato de as pessoas poderem virar de lado nas fotos! Por que não podemos aceitar toda a largura de uma mulher?! Não vou descansar até as pessoas só poderem tirar fotos viradas para frente, sob uma luz fluorescente.

Deveria ser completamente obrigatório as revistas darem crédito à pessoa que fez o Photoshop, assim como eles fazem com a maquiadora e o cabeleireiro... com uma fonte branca pequena num papel branco.

Algumas pessoas dizem que é uma questão feminista. Eu concordo, porque o melhor Photoshop que já fizeram em mim foi numa revista feminista chamada *Bust*, em 2004.

Foi uma sessão de fotos de baixo orçamento, nos fundos do escritório da revista. Não havia café de graça nem máquinas de vento, apenas um monte de mulheres inteligentes com senso de humor.

Olhei para as duas lâmpadas fracas que elas tinham colocado e virei para as editoras: "Somos todas feministas aqui, mas vocês vão usar Photoshop, né?", "Com certeza", elas responderam na hora. As feministas fazem o melhor trabalho com Photoshop porque elas deixam carne nos seus ossos. Elas não mudam o seu tamanho nem a cor da sua pele. Deixam seus jarretes horrorosos, mas podem tirar um pouco dos seus pelos nas axilas. Não porque estejam negando a existência dos pelos, mas porque elas entendem que não tem problema fazer a foto parecer como se você tivesse no seu melhor dia, com a melhor luz.

Com uma atitude de absurda coragem, vou mostrar uma foto minha com Photoshop e outra sem.

Há sete diferenças. Veja se consegue identificá-las.*

---

* Nariz afinado. Óculos menos maravilhosos. Sorriso invertido. Troca de peruca digital. Dentes adicionados. Gola artificialmente abaixada, decote não encontrado. Cadeira de varanda removida e vendida numa venda de garagem.

O Photoshop em si não é maligno. Assim como um molho de salada italiano não é intrinsecamente maligno, até você esfregá-lo numa jovem atriz desesperada e colocá-la na capa da *Maxim* fingindo que está abaixando a calcinha. (Aquele negócio de "encaixar o dedão na calcinha" é a pior coisa. Sério? Não é o suficiente elas estarem todas melecadas e de calcinha para você, *Maxim*?)

Pode desistir. Os retoques vieram para ficar. A tecnologia não retrocede. Nenhuma sociedade se desindustrializou. É por isso que nunca vamos perder o Photoshop — e também por que a crise econômica na China vai matar todos nós. Mas isso não importa. Vamos continuar empolgadas com esse lance do Photoshop!

Não vejo um futuro no qual somos todas anoréxicas e suicidas. Vejo, sim, um futuro onde vamos retocar nossas fotos em casa até não poder mais. Os cartões de Natal de família serão apenas olhos e narinas com uma margem de boneco de neve.

Pelo menos, com Photoshop, você não precisa mudar seu corpo de verdade. É melhor do que todos aqueles negócios injetáveis e implantes nojentos. Não é melhor que um computador faça isso com sua foto do que um médico fazer isso com seu rosto?

Portanto, me recuso a fazer Botox e cirurgia plástica. (Embora eu use um elástico transparente no queixo que prendo nas orelhas e por baixo da minha peruca.) Não se pode esperar que eu seja a primeira a fazer tudo. Quero meu Photoshop.

Porque hoje é um dia de sonhos!

Prezada internet

Um dos meus grandes arrependimentos, além ~~de ser o Assassino do Zodíaco~~ de nunca ter aprendido a dançar tango, é que nem sempre tenho tempo para responder as correspondências maravilhosas que recebo. Quando as pessoas se importam o suficiente para escrever, a única coisa educada a se fazer é retribuir esse carinho, então, por favor, me permitam responder alguns fãs aqui.

Do tmz.com

Publicado por Sonya no Tx no dia 07/04/2010, 16h33.

"Quando é que a Tina vai fazer alguma coisa em relação àquela cicatriz horrorosa na bochecha dela??"

Prezada Sonya no Tx,

Saudações, amiga texana! (Deduzi que o "Tx" no seu nome queira dizer Texas, e não que você sofra de uma deficiência cromossômica rara. Tomara que eu esteja certa!)

Primeiro de tudo, quero pedir desculpas por ter demorado a responder. Eu não sabia que você tinha escrito para mim até entrar no tmz.

com para ver as imagens maravilhosas que eles têm das pessoas em Los Angeles saindo de restaurantes e dar da cara com a sua pergunta.

Tenho certeza de que, se nós duas conferirmos nossas agendas, vamos ter tempo de nos encontrar para dar um jeito nessa minha cicatriz. Mas a pergunta mais complicada é: "*O que* eu vou fazer?" Eu adoraria que você me desse conselhos, na verdade. Deduzi que seja médica, porque realmente parece ter conhecimento do funcionamento do corpo humano. O que *você* acha que eu devo fazer sobre essa cicatriz horrorosa? Acho que posso usar um saco na cabeça, mas será que uso um de linho como o Homem Elefante ou um simples saco de pão como o Unknown Comic? São muitas opções, me ajude!

Obrigada pelo seu tempo. Você é um mérito para o Texas e para as mulheres vikings.

Atenciosamente,
Tina

OBS: Adorei que você usou dois pontos de interrogação. Faz você parecer jovem.

Do Dlisted.com
Publicado por Centaurious na segunda-feira, 21/09/2009, 2h08.
"Tina Fey é uma troll superestimada, feia, arrogante e com um corpo esquisito."

Prezado Centaurious,

Primeiro de tudo, quero dizer como é inspirador o fato de você ter aprendido a usar o computador.

Odeio que a nossa troca de correspondência seja conflituosa, mas você me insultou profundamente. Dizer que eu sou uma troll superestimada, sem nunca ter me visto tomando conta de uma ponte, é realmente injusto. Vou deixar que os outros digam se eu sou a melhor ou não, mas, com certeza, sou uma das trolls mais dedicadas que tomam conta das pontes hoje. Sempre faço três perguntas, e duas delas são enigmas.

Em relação ao "feia, arrogante e com um corpo esquisito", prefiro os termos "excêntrica, exausta e com traseiro da classe econômica", mas aceito o que vier. Não existe publicidade ruim!

Agora, vá dormir, sua corujinha louca! Você precisa chegar na NASA bem cedo, para que possam procurar seu pênis com o telescópio espacial Hubble.

Com carinho,
Tina

Do PerezHilton.com
Publicado por jerkstore na quarta-feira, 21/01/2009, 23h21.
"Na minha opinião, Tina Fey acabou completamente com o SNL. O único motivo de ela ser celebrada é porque ela é mulher e uma liberal assumida. Ela não tem nenhum senso de humor."

Prezado jerkstore,

Palmas para o Contador da Verdade! As mulheres nos EUA já foram celebradas demais por muito tempo. Ontem à noite, vi uma história no meu noticiário local sobre uma "menina perdida", e eles devem ter dedicado uns sete ou oito minutos falando sobre "onde ela foi vista pela última vez" e "como ela pode ter sido sequestrada por um amigo próximo da família", e pensei: "O que é isso? Notíciário para Mulher?" Depois apareceu uma história sobre Hillary Clinton indo para algum país porque ela é a secretária de Estado. Por que continuamos falando sobre essas burrinhas? Somos uma sociedade que celebra somente as mulheres o tempo todo, e isso precisa acabar! Quero saber o que os homens do mundo têm feito. Que novas armas divertidas eles inventaram? O que eles estão estuprando nos dias de hoje? Qual vai ser o próximo filme do Michael Bay?

Quando planejei destruir o *SNL*, não achei que alguém fosse perceber, mas persisti porque — assim como você tentando montar um quebra-cabeça de nove peças — era um trabalho de amor.

Não sou do tipo que fica me gabando, mas me sinto segura com você, jerkstore, então vou dizer. Tudo que você um dia odiou no *SNL* foi feito por mim, e qualquer coisa que você possa ter gostado foi feita por outra pessoa, contra a minha vontade.

Sinceramente,
Tina Fey

OBS: Sabe *quem* tem muito senso de humor? A sua mãe, toda noite, por um dólar.

De um fórum sobre fisiculturismo
Publicado por SmarterChild, no dia 24/02/2008, 14h10.
"Eu meteria no porta-malas dela."

Prezado SmarterChild,

Muito obrigada pelo seu interesse. Não importa se você quis dizer isso com uma conotação sexual ou simplesmente como um ato de agressão, fico grata mesmo assim. Como uma "mulher de certa idade" nesse ramo, me sinto incrivelmente sortuda de ainda “chamar a sua atenção” “com o meu ânus”. Você me mantém relevante!

Sinceramente,

Sra. T. Fey

Do tmz.com

Publicado por Kevin 214 no dia 09/11/2008, 11h38.

“Tina Fey MENTIU!!!!!!! Qualquer pessoa que já tenha visto uma foto antiga dela pode ver que ela fez 100% de cirurgia plástica. Seu rosto está todo diferente. Ela era feia antes e é feia agora. Ela apenas sonha em ser tão linda quanto Sarah Palin.”

Prezado Kevin 214,

O que posso dizer? Você tem uma percepção sensacional. Acho que entrei na onda dessa coisa de Hollywood. Achei que eu podia mudar 100% das minhas características faciais e, contanto que eu continuasse sendo feia, ninguém ia perceber. Que tolice a minha!

Então vamos esclarecer as coisas. Numa revelação total, vou expor a lista de procedimentos que fiz. Mudei a cor dos olhos para castanho, aumentei o nariz e passo um pouco de henna nos meus dentes todo mês, para dar aquele brilho de âmbar. Afinei meus lábios e fiz um tratamento chamado Depremmáge, onde duas linhas de pesca são enfiadas na minha mandíbula e usadas para acumular pele até parecer um travesseiro chique.

Fiz implantes sebáceos (pequenas bolas de Restylane colocadas em locais aleatórios para dar a impressão de uma acne jovem no pescoço).

Não fiz Botox. Infelizmente, sou alérgica. Em vez disso, sou mensalmente injetada com Bromadiolone, um veneno para rato de fazenda. Isso mantém meu rosto num estado constante de irritação e paralisia, o qual é obviamente indistinguível da excitação sexual. Meu rosto é mais comprido e fino do que era há vinte anos. Alguns diriam que isso é um efeito natural do emagrecimento e do envelhecimento, mas eu e você sabemos a verdade – pago uma mulher para sentar na lateral do meu rosto duas vezes por semana. Madonna e Gwyneth também frequentam o mesmo lugar, e todas nós tivemos resultados maravilhosos. Ai, olha o que estou dizendo, realmente mudei! Por que senti a necessidade de dizer que sou amiga da Madonna Vickerson e da Gwyneth Chung?

Já que você é tão sagaz para identificar cirurgias plásticas, tenho certeza de que percebeu que alguns amigos meus famosos já "mudaram alguma coisa". O bispo Desmond Tutu... implante de bochecha. A juíza do supremo tribunal Ruth Bader Ginsburg? Um belo de um implante nos seios. E Bob Esponja Calça Quadrada, mudança de sexo.

Continue me ajudando a ficar "na moral",

T

30 Rock: uma experiência para confundir os seus avós

Se você tivesse me dito quando eu era criança que, quando fosse adulta, eu assistiria ao Seminário Anual sobre Assédio Sexual da NBC 14 vezes, eu diria: "O que é 'assédio sexual'?", porque Clarence Thomas só inventou essa expressão no início dos anos 1990. Mas eu teria ficado muito animada em saber que ia passar uma grande parte da minha vida adulta trabalhando para o Pavão. Eu adoro trabalhar na NBC. Como não adoraria? Cresci vendo *Seinfeld*, Johnny Carson, *Late Night with David Letterman* e reprises de *The Mothers-in-Law*.

Quando eu estava na minha oitava temporada do *Saturday Night Live*, era hora de descobrir qual seria a próxima fase da minha vida. *SNL* é como o ensino médio, mas pelo menos no ensino médio eles mandam você se formar. É difícil se obrigar a sair do ninho. Lorne sugeriu que eu fizesse um "acordo de desenvolvimento" com a NBC para tentar criar uma série de comédia. Um acordo de desenvolvimento significa que eles pagam enquanto você pensa, o que é uma ótima ideia, a não ser que você seja como eu e fique o tempo todo ansiosa por ainda não ter pensado em nada. (A minha habilidade de transformar boas notícias em ansiedade se iguala apenas à minha habilidade de transformar ansiedade em acne no queixo.) Depois de alguns meses recebendo dinheiro para fazer nada, mandei uma ideia para o presidente de Desenvolvimento do Horário Nobre da NBC, Kevin Rilley, sobre uma produtora de um canal de notícia (eu, supostamente) que é obrigada a produzir o programa de um chefão de direita convencido (Alec Baldwin, se fosse possível convencê-lo) para aumentar a audiência decadente da rede. Kevin Rilley disse: "Não, obrigado." De repente, essa coisa de acordo de desenvolvimento não me parecia tão ruim. Se me recusassem mais uma ou duas vezes, eu poderia ficar com o dinheiro e não ter que fazer programa nenhum. Mas eu também nunca mais conseguiria arranjar trabalho, e tenho uma natureza muito competitiva e obediente, então... acne no queixo e revisões de roteiro.

Kevin Rilley sugeriu que, para a minha próxima ideia, eu escrevesse alguma coisa mais próxima da minha vida. "Por que você não escreve sobre como é trabalhar para o *SNL*?" Fiquei relutante porque me pareceu narcisista escrever sobre o programa diretamente. Eu tinha gostado muito da ideia do canal de notícia porque eu gostava da ideia de colocar Alec Baldwin como um conservador poderoso, fazendo com que ele articulasse com entusiasmo o oposto de tudo que ele acreditava na vida real. Meu marido, que sempre pensa com mais clareza sobre essas coisas, sugeriu que eu não mudasse nada em relação ao personagem do Alec Baldwin. Então comecei a pensar que, se *fosse* uma história sobre show business, eu poderia usar Tracy Morgan também. Um triângulo entre Alec Baldwin, Tracy Morgan e eu parecia ter potencial. Esses três personagens teriam visões completamente diferentes sobre qualquer tópico que surgisse — raça, gênero, política, ética profissional, dinheiro, sexo, basquete feminino —, e todos concordariam e discordariam em combinações infinitas.

Quando 2005 chegou, eu já tinha elaborado a ideia que Kevin Rilley havia exigido. Eu faria o papel da roteirista-chefe de um programa de comédia da madrugada. Tracy Morgan seria um astro de comédia lunático, e Alec Baldwin seria meu chefe autoritário e conservador. Bem, o papel foi *escrito* para Alec Baldwin, mas ninguém tinha criado coragem de falar com ele ainda.

Escrevi o que se chama de "piloto", o que significa que se escreve o primeiro episódio do que espera ser uma série longa. É particularmente difícil escrever um roteiro para piloto porque é preciso apresentar todos os personagens sem que pareça uma série de apresentações. Precisa contar uma história que não seja apenas engraçada e cativante, e sim que dramatize os pontos de vista dos personagens principais e sobre o que a série pretende ser tematicamente (amor, trabalho, investigação de assassinatos infantis em Miami, etc.).

Se quer ver um grande piloto, veja o primeiro episódio de *Cheers*. É encantador, engraçado e bem-elaborado. Se quer ver um episódio-piloto constrangedor e suado, veja *30 Rock*. Não vou te acompanhar porque nunca mais quero ver essa porcaria. (Os roteiristas de *30 Rock* me pediram que eu parasse de dizer que o piloto é horrível, então, daqui em diante, vou me referir a ele como "peculiar e único".)

Fiz reuniões com vários atores excelentes para o papel de Jack Donaghy e, a cada reunião, ficava mais claro que esse papel tinha sido criado para Alec Baldwin. Mas eu não precisava criar coragem para conversar com ele ainda, porque agora eu estava grávida e a gravação do piloto tinha sido adiada.

Em setembro, minha filha nasceu. (Só para constar: epidural, parto normal, não fiz cocô na cama.) Na época do Natal, eu tinha voltado a trabalhar no *SNL*, e Alec era o apresentador convidado. O programa foi ótimo naquela semana, e Alec estava se divertindo. Lorne e eu trocamos olhares — vamos perguntar logo?

Lorne perguntou e Alec disse "sim". Fiquei do lado de fora da sala, que é a minha especialidade.

Um começo auspicioso

Os executivos da NBC devem ter visto algo que valesse a pena no meu piloto peculiar e único (Alec Baldwin) porque eles resolveram, por algum motivo (Alec Baldwin) "contratar o programa". Isso quer dizer que eles concordaram em fazer mais 11 episódios e talvez passá-los na TV.

O anúncio de que programas são contratados a cada ano ocorre em maio, numa convenção de publicidade chamada "Upfronts". Investidores de todos os tipos de empresa se reúnem em Nova York durante uma semana. Cada dia, uma rede de TV mostra sua "nova lista" de programas. Eles alugam o Radio Music Hall ou o salão de festas do hotel Hilton e tentam deslumbrar os publicitários com vídeos empolgantes e com suas maiores estrelas. Falam sobre que "público alvo" atingem e quantos espectadores "sofisticados" eles tinham. É *sexy*, como almoçar com os seus pais depois de um exame médico.

Os publicitários então decidem onde querem investir o dinheiro deles, e as redes de TV sabem quanto dinheiro terão para investir no início das temporadas.

Acabamos de ultrapassar meu conhecimento das negociações da televisão.

Logo antes dos Upfronts de 2006, fui chamada para a sala do Lorne Michaels às 2 horas da manhã, depois de um programa do *SNL*. "Chegou a hora", pensei. "Eles vão nos dizer que querem o programa." Não sei por que eu estava tão confiante (Alec Baldwin).

Eu não sabia como me sentir. No momento, eu tinha uma filha de 8 meses em casa, e não tinha certeza de que esse novo trabalho de setenta horas semanais seria, como dizem os políticos que caíram em desgraça, "do melhor interesse para a minha família na atual conjuntura do presente momento".

Eu estava um pouco empolgada, mas principalmente blafetada. "Blafetada" é um adjetivo que acabei de inventar que significa "completamente estupefata, porém agindo como se tudo estivesse bem e reagindo ao estresse com o torpor de um gambá". Me sinto blafetada todos os dias pelos últimos sete anos.

Entrei na sala do Lorne para ouvir a boa notícia, mas havia algo de errado. O CEO da NBC Universal Television Group, Jeff Zucker, estava presente, e ele parecia nervoso. Aparentemente, com toda a minha sagacidade de negociação, eu não tinha percebido que Alec Baldwin não tinha assinado para participar de nenhum episódio além do piloto. A NBC queria que Alec assinasse um novo contrato antes de qualquer declaração, mas Alec, um dos maiores fanfarrões irlandeses de todos os tempos, não podia ser apressado.

(Alec e eu gostamos de brincar com o que agora chamo de "técnica de negociação irlandesa", o que se resume em ele dizer: "Eles me ofereceram mais dinheiro e eu os mandei à m****.")

E assim, Sr. Zucker estava sendo obrigado a bancar um programa que não tinha seu astro principal garantido. Ele andava de um lado para o outro na sala. Lorne o tranquilizou, dizendo que tudo ia dar certo; Alec assinaria o contrato em algum momento. Então

Lorne acenou vagarosamente na frente do rosto de Zucker e disse: "Esses não são os androides que está procurando." Ele não fez isso, mas poderia ter feito.

"Estamos nos arriscando muito por você", disse Jeff Zucker, apontando o dedo para mim de maneira relutante. "Seu programa está contratado." Então, no mais infeliz deslize freudiano, eu disse: "de nada" em vez de dizer "obrigada". E esse foi o início glorioso do que seria o 102º programa mais popular da televisão.*

Juntando uma equipe de assassinos desorganizados

Alec assinou o contrato no fim das contas, e começamos a produção em agosto.

Meu amigo e antigo colega de trabalho do *SNL*, Robert Carlock, tinha deixado a Califórnia com sua esposa e seu filho para morar em Nova York e ser o produtor executivo e coroteirista chefe no programa. Nos cercamos de pessoas dedicadas e engraçadas.

Minhas técnicas mafiosas de gerenciamento

Vou admitir que, como produtora, tenho uma política tácita de não contratar "esquentadinhos". Durante anos, para serem considerados gênios da comédia, as pessoas precisavam ser "perigosas" e "imprevisíveis". Já conheci pessoas muito perigosas, instáveis e engraçadas ao longo dos anos, pessoas que admiro, mas com quem não

* Não é o 102º programa mais popular de todos os tempos, é o 102º programa mais popular *de 2006*.

> *quero trabalhar todos os dias. Vão fazer seus próprios programas, seus durões, que eu assistirei feliz do conforto da minha casa. Contrato as pessoas mais talentosas que têm a menor probabilidade de socar alguém no local de trabalho. Se isso está contribuindo para a Desmasculinização dos EUA, sugiro que façam um programa para arrecadar dinheiro na TV e me avisar como foi. Nunca vou querer tomar um soco na cara por causa de uma piada — nem quero que gritem comigo.*

Estas foram as tais pessoas gentis escolhidas:

Jack Burditt — um veterano da TV que já trabalhou em todos os programas, desde *Mad About You*, até *Frasier* e *DAG*. Um cara bonito, que fala baixo e parece Gary Cooper, acho que Jack não disse uma só palavra nas primeiras quatro semanas. Quando ele finalmente disse alguma coisa, foi durante uma conversa banal, na sala dos roteiristas, sobre os empregos de verão ruins que tínhamos quando éramos adolescentes. Jack riu ao contar que, quando tinha 18 anos, era o operador da montanha-russa no Magic Mountain e que, numa noite, houve uma confusão no parque depois de um show e seis pessoas foram esfaqueadas. Um cara sangrou até a morte na frente dele. Então ele entregou um roteiro atencioso e hilariante para o *30 Rock* que mostrava que ele era mais do que um antigo trabalhador de parque de diversões que tinha visto um homem morrer. Alguns meses depois, ele falou novamente para dizer que tinha comprado um monte de cargas de profundidade e que as tinha jogado de um bote no México. Além disso, ele acredita que seu ligamento tenha se curado numa visita a Roswell. E uma vez ele desmaiou na frente do Ringo Starr por causa de uma infecção não diagnosticada no testículo. As histórias do

Jack eram motivo suficiente para não deixá-lo ir embora; seus roteiros elegantes eram só um bônus. Melhor episódio: 204, "O Bebê de Rosemary". Melhor piada: esta pérola de sabedoria do Jack Donaghy.

LIZ

Ai, graças a Deus. Foi horrível. Eu fui ao apartamento dela. Acho que ela não tem banheiro. Vi o meu futuro, Jack.

Jack serve uma bebida para Liz e entrega para ela.

JACK

Nunca vá a um segundo lugar com um hippie.

Kay Cannon era uma mulher que eu conhecia do mundo da improvisação de Chicago. Uma mulher linda, forte, do meio-oeste, que tinha feito muitos esportes e participado de muitas corridas na faculdade, Kay tinha apresentado uma boa amostra de roteiro, mas eu estava mais impressionada com sua abordagem atlética em relação ao mundo. Tinha uma atitude de gente que faz, uma disposição para aprender na prática, e ficava à vontade recebendo orientação. Seu sucesso no programa é uma prova de que todos os pais deveriam obrigar as filhas a fazerem esportes de equipe em vez de concursos de beleza. Não que Kay não pudesse ganhar um concurso — ela até ganharia, contanto que, no show de talentos, ela pudesse cantar uma versão karaokê de "Redneck Woman" enquanto atira um rifle da Nerf. Melhor piada: Tracy Jordan julgando um pombo que está comendo algo do lixo.

```
C.C.
(cedendo)
Ninguém pode saber que estamos jun-
tos, Jack. Nem mesmo o seu amigo
Tracy Jordan.

JACK
Acho que não precisamos nos preo-
cupar com Tracy.

CORTA PARA: Tracy na frente do prédio, conver-
sando com um pombo.

TRACY
Para de comer a batata frita ve-
lha, pombinho. Tenha um pouco de
respeito próprio.
Você não sabe que pode voar?
```

Dave Finkel e Brett Baer eram uma dupla de roteiristas de Los Angeles, e tenho orgulho de dizer que, durante o primeiro ano, eles contribuíram com os materiais mais estranhos. Melhor episódio: 118, “Fogos de Artifício”, no qual Tracy descobre que é um descendente do Thomas Jefferson. Melhor cena: Tracy, ansioso por causa da mudança na sua identidade racial, sonha que está num episódio de teste de maternidade no *Maury Povich Show* com Thomas Jefferson.

Thomas Jefferson interpretado, para a lógica do sonho e por questões financeiras, por Alec Baldwin.

MAURY POVICH

Sally Hemings acabou de te chamar de cachorro, Thomas Jefferson.

THOMAS JEFFERSON

Não importa. Estou aqui por causa do Tracy. Vim de cavalo lá do Céu para dizer uma coisa pra ele.

Havia também Matt Hubbard, um garoto de Harvard com cara de criança que sempre queria pedir McDonald's para os funcionários, algo que eu gostava muito. Matt e sua esposa alugaram um apartamento que tinha percevejo no Upper East Side de Manhattan. Esse tipo de sofrimento humano profundo, combinado com sua dieta altamente processada, o transformaram num super-herói das piadas. Melhor episódio: 115, "Jogo Duro". Melhor piada: Tracy Jordan fala sobre comida.

KENNETH

Olá, seu Jordan! Seu Slattery, seu Oppenheim. Busquei seu almoço no Sylvia's. Trouxe pão de milho extra, porque eu sei que você gosta.

TRACY

Gosto? Eu amo! Eu amo tanto pão de milho que quero levá-lo para trás do muro da escola e engravidá-lo!

Havia também Daisy Gardner, uma alma delicada com um estômago problemático que fazia as piadas mais nojentas que você puder imaginar, com a voz mais gentil que você puder imaginar. Melhor episódio: 116, "O prêmio Source", no qual Jack Donaghy tenta se restabelecer depois do fracasso do seu terrível vinho, Donaghy Estates, ao tentar vendê-lo para a comunidade de hip-hop como o substituto do champanhe Cristal. Melhor piada: o rapper Ghostface Killah tenta beber um gole de Donaghy Estates durante um clipe.

GHOSTFACE KILLAH (CONTINUA)
PORQUE EU MANDO VER E ROUBO NOMES/
COMO LEBRON JAMES/
E DONAGHY MEIO QUE RIMA COM ATITUDE/
O QUE É LEGAL...

Ele dá mais um gole e reage com nojo.

GHOSTFACE KILLAH (CONTINUA)
Preciso dar um tempo. Não aguento mais beber esse troço. A minha barriguinha está dodói!

O Senhor me enviou John Riggi que, à primeira vista, parecia um estivador bravo com uma jaqueta jeans e um kippah, mas que, na verdade, era um italiano sensível de Cincinnati e um excelente cozinheiro. Melhor episódio: 104, "Encontro às escuras". Melhor piada:

LIZ
Você quer dizer Gretchen Thomas? A engenheira brilhante/lésbica?
(depois do olhar confuso dele)
O que fez você achar que eu era gay?

JACK
Os seus sapatos.

Liz olha para seus sapatos. Eles beiram o limite entre gay e hétero.

LIZ
Bom, eu sou hétero.

JACK
Esses sapatos são bi curiosos.

Nosso roteirista mais novo era Donald Glover. Ele tinha acabado de se formar no programa de roteiro da NYU e ainda morava na fraternidade e trabalhava como orientador na faculdade. Donald era nosso único roteirista afro-americano na época, mas sua verdadeira diversidade é que ele era a nossa única "pessoa jovem descolada" que sabia nos dizer "o que os jovens estavam ouvindo nos dias de hoje". Além disso, porque ele vem de uma família grande na Geórgia, ele ajudou muito a escrever para o personagem de Kenneth, o Mensageiro. Melhor piada: uma cena onde Jenna (Jane Krakowski) tenta ensinar Kenneth (Jack McBrayer) a se gabar de uma maneira passivo-agressiva.

JENNA

Nem uma tiração de onda disfarçada?

KENNETH

O que é uma tiração de onda disfarçada?

JENNA

É acrescentar algo maravilhoso sobre você nas conversas do dia a dia. Como quando eu digo para as pessoas: "Tenho dificuldade em ver 'American Idol' porque eu tenho uma afinação perfeita."

KENNETH

Ah... eca.

JENNA

Agora, tenta você.

KENNETH

Tenho dificuldade em ver "American Idol" porque tem uma barata no meu trocador de canal.

Tenho dificuldade de indicar o que mais gosto nessa piada. É o fato de Kenneth ser realmente incapaz de se gabar? A revelação de que o apartamento do Kenneth está cheio de baratas? Não, acho que é o uso da expressão de avó "trocador de canal".

Quanto a Robert Carlock, seus pontos fortes são as referências eruditas, construções absurdas de piadas e um Mal-Estar do Homem Branco num mundo multicultural. Melhores episódios: 105, "Jacktor"; 215, "Dia do Sanduíche"; 310, "Generalíssimo"; 416, "Apollo, Apollo". Melhor piada: são muitas para colocar aqui, mas o personagem que flui mais livremente dele é o Dr. Leo Spaceman (Chris Parnell). No fim da primeira temporada, Jack sofre um ataque cardíaco. Seu médico inescrupuloso do show business vai até a sala de espera para dar o prognóstico para Liz, a mãe de Jack (Elaine Stritch) e para a noiva de Jack (Emily Mortimer).

O Dr. Spaceman surge da UTI. Seu jaleco está coberto de sangue. Todas as mulheres dão um grito de susto.

DR. SPACEMAN
O quê? Isto? Não, não, eu estava numa festa à fantasia mais cedo... e o cachorro da dona da casa me atacou, então tive que esfaqueá-lo.

Talvez o ponto de vista mundial carlockiano seja mais bem resumido pelo diálogo de um episódio recente, quando Tracy chega ao hospital logo após o nascimento da sua filha.

TRACY (FORA DA CÂMERA) (CONTINUA)
Por que o bebê está coberto de meleca?!

DR. SPACEMAN (FORA DA CÂMERA)
Porque tudo em relação a isso é nojento!

Dominando o mundo feito um furacão!
(Furacão reduzido a brisa leve
por meteorologistas)

Nosso primeiro episódio foi ao ar numa quarta-feira, dia 11 de outubro, 2006, às 20 horas, e fomos um sucesso imediato – como figos para sobremesa ou pegar o violão numa festa. Nós éramos a nova Coca-Cola!

Não fomos um sucesso.

Mas seguimos em frente sabendo que pelo menos teríamos um DVD para mostrar aos amigos quando tudo acabasse. As ideias para as histórias vinham velozes e furiosas no início. "E se Tracy parasse de tomar o remédio e começasse a alucinar um cara azul em todos os lugares?", claro. "E se Jenna estivesse num filme chamado *The Rural Juror*, e ninguém entendesse quando ela dissesse o título?", beleza. "E se fizermos uma história sobre Liz ser chamada de vadia?", por que não? Isso tinha acontecido várias vezes comigo!*

Sabe aquela expressão: "Dance como se ninguém estivesse vendo"? Bem, era isso que estávamos fazendo. Estávamos dançando despreocupados, e ninguém estava vendo. Na verdade, cerca de cinco milhões e meio de pessoas estavam vendo, mas isso não conta como nada. Nos meus dias de teatro em Chicago, a regra era: é necessário ter mais pessoas na plateia do que no palco, senão cancelávamos o espetáculo. Se bem que uma vez fiz uma peça de duas mulheres chamada *Ironmistress* para uma plateia de duas pessoas. Então cinco milhões de pessoas já era muito bom para mim. Mas, na época em que *Friends* estava no auge, eles tinham cerca de 25 milhões de espectadores. Corríamos perigo.

Acho que Robert Carlock não desfez a mala durante todo o primeiro ano. Ele nem deve ter comprado galões inteiros de leite, achando que nosso programa seria cancelado a qualquer minuto e ele teria que beber tudo e pegar o avião de volta para Los Angeles.

Segui adiante com a confiança alegre de uma retardada mental. Eu era o bebê no filme *Ninguém segura este bebê*, engatinhando pela

---

* Na verdade, pelo que sei, isso só aconteceu uma vez comigo. Um colega de trabalho no *SNL* lançou o xingamento, e tive a reação mais estranha. Para a minha surpresa, eu disse: "Não. Você não tem o direito de me chamar disso. Meus pais me amam; não sou uma filha adulta de um alcoólatra que vai aturar esse tipo de merda." E isso nunca mais se repetiu... que eu saiba.

rua, completamente alienada ao fato de que uma bigorna havia caído atrás de mim.* Por outro lado, toda vez que o telefone tocava no escritório, Robert vestia o casaco. Esse era o peso que ele carregava por ser mais inteligente.

Trabalhamos muito no primeiro ano, e em todos os anos seguintes desde então. Carlock e eu não conseguíamos acreditar que reclamávamos dos horários do *SNL*, os quais agora pareciam uma moleza de pudim. Principalmente para mim, porque foi só o que fiz durante os meus dois primeiros anos no *SNL*: procurar pudim para comer. Para dar contexto, anexei um gráfico que mostra os níveis relativos de estresse de várias funções.

Jeff Zucker e o Presidente de Desenvolvimento do Horário Nobre da NBC, Kevin Reilly, provaram realmente levar o programa na esportiva. Começamos a fazer piadas sobre a NBC e sua empresa matriz, GE, quase que imediatamente. Não tínhamos nada contra a GE nem mesmo sabíamos nada sobre a GE, mas nos colocamos numa situação delicada ao fazer dela o local de trabalho do Jack Donaghy no programa. Um dia, quando Carlock recebeu uma ligação de uma mulher no Departamento Legal da GE contestando a exatidão da menção da empresa num dos roteiros, ficamos confusos e nervosos. Por que a empresa matriz tem nossos roteiros? Isso vai acontecer toda semana? Eles não sabem que eu sou o bebê de *Ninguém segura este bebê*? Aparentemente, foi o Sr. Zucker que interveio pessoalmente e explicou para seus colegas mais corporativos que eram apenas piadas e que deveriam nos deixar em paz. Talvez ele tenha deduzido que o

---

* Apesar de boas notícias me causarem uma dor no peito, sou imune às más notícias. Eu deveria estar num daqueles livros do Oliver Sacks, porque, com certeza, tenho algum problema raro na cabeça.

programa seria cancelado logo. Qualquer que tenha sido o motivo, eu agradeço à NBC por nos deixar fazer piadas sobre eles o tempo todo. Acho que nem a ABC e nem a CBS aguentariam esse tipo de coisa, e é provável que eu nunca descubra.

Fazendo, aprendendo, morrendo

Gravamos *30 Rock* em filme, como um curto filme toda semana. Isso quer dizer que filmamos todas as falas dos diálogos umas cinco vezes, de cinco ângulos diferentes. Toda vez que mudamos de ângulo, demoramos uns vinte minutos para colocar as câmeras no lugar certo. A cada cinco minutos, o filme das câmeras acaba, e temos que trocar. Se alguém estiver entrando no nosso elevador falso numa cena, temos que fazê-la umas cinco vezes para acertar o tempo em que a porta do elevador fecha. Você nem quer saber o que acontece se houver um cachorro, um gato, um papagaio, um bebê ou um pavão na cena. E o pior de tudo é que nosso elenco e equipe se gostam e curtem conversas animadas. Toda essa jocosidade dura umas 14 horas por dia.

(Se gravássemos com uma câmera moderna de alta definição, seria mais rápido, mas ficaríamos iguais aos dançarinos zumbis do *Thriller*.)

Só gravamos nesse estilo "câmera única" porque é a moda atualmente. Programas clássicos como *Frasier*, *Everybody Loves Raymond* e *Seinfeld* eram gravados com várias câmeras para uma plateia ao vivo. Tenho quase certeza de que eles só demoravam umas três horas por semana. Não sei por que o gosto do canal mudou para programas gravados com uma câmera só, mas não tem como se opor à tendência. Se fosse possível, eu ainda usaria um par de calças jeans

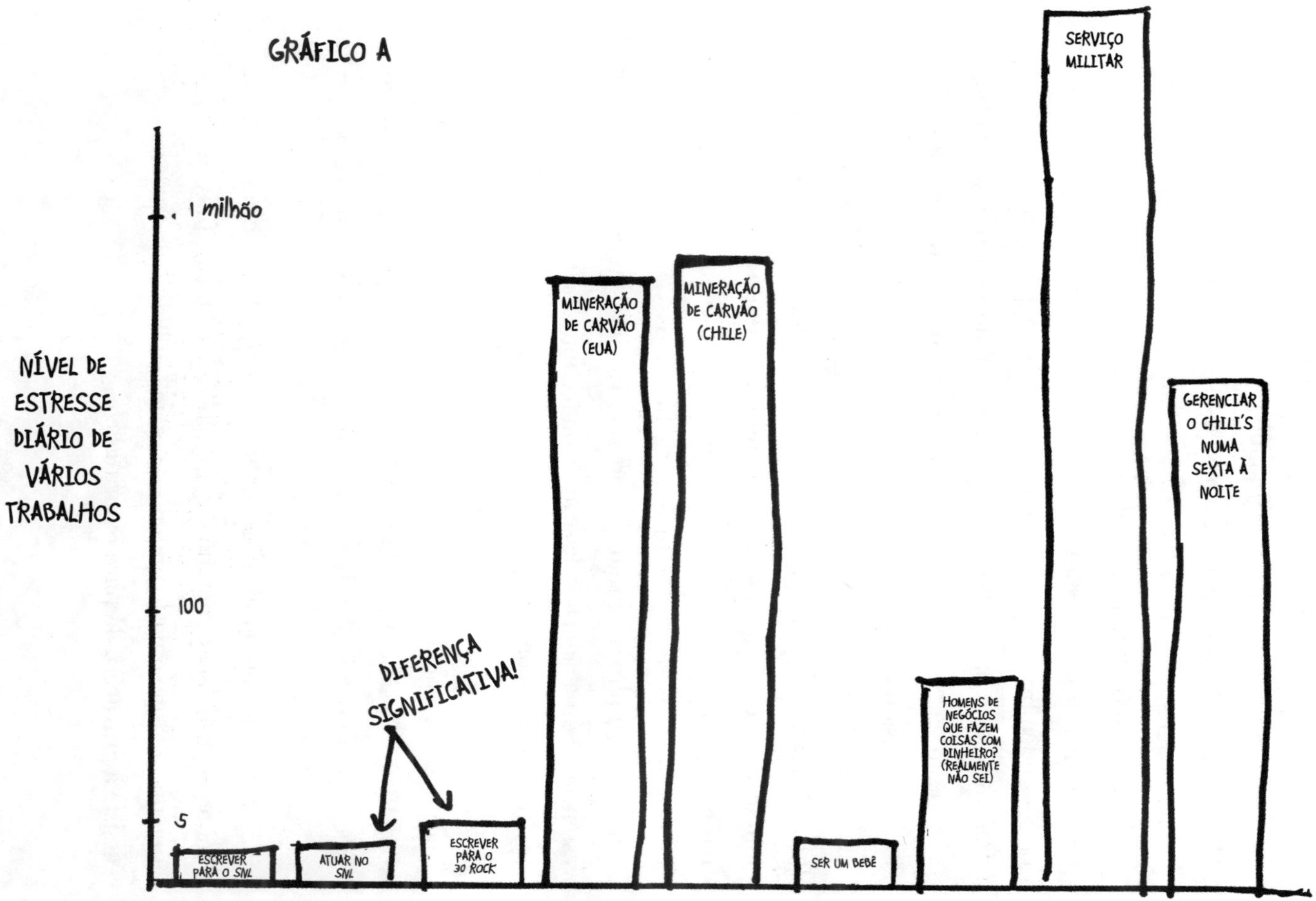
GRÁFICO A
NÍVEL DE ESTRESSE DIÁRIO DE VÁRIOS TRABALHOS
1 milhão
100
5
ESCREVER PARA O SNL
ATUAR NO SNL
ESCREVER PARA O 30 ROCK
DIFERENÇA SIGNIFICATIVA!
MINERAÇÃO DE CARVÃO (EUA)
MINERAÇÃO DE CARVÃO (CHILE)
SER UM BEBÊ
HOMENS DE NEGÓCIOS QUE FAZEM COISAS COM DINHEIRO? (REALMENTE NÃO SEI)
SERVIÇO MILITAR
GERENCIAR O CHILI'S NUMA SEXTA À NOITE

azul-claro maravilhoso da época da faculdade que tinha quatro cintos embutidos na frente.

Na primeira temporada, quando gravávamos nas ruas de Manhattan, as pessoas paravam para assistir até perceberem que não era a filmagem de *Sex and the City*, e iam embora na hora. Aprendi muita coisa sobre atuar naquele ano. O que aprendi sobre atuar em filmes é que tudo se resume a não ficar na frente da luz das outras pessoas e lembrar em que mão estavam seus papéis. Quando disser suas falas "fora das câmeras" para alguém, tente deixar a sua cabeça bem perto da câmera. É basicamente isso. Você agora é um ator de filme profissional.

Tudo que aprendi sobre atuar de verdade, aprendi assistindo ao Alec Baldwin. Quando digo "atuar de verdade", quero dizer "uma imitação do comportamento humano que é tanto emocionalmente natural quanto mecanicamente precisa o suficiente para produzir lágrimas ou risadas em outros seres humanos". Alec é um mestre em atuar em filmes e atuar de verdade. Ele interpreta a emoção na essência de uma cena — ele se apaixona, a mãe tortura ele, seu mentor reencarnou como um pavão — enquanto recita longos discursos, palavra por palavra, acertando todas as piadas no ritmo certo. Você se surpreenderia ao saber quantos astros do cinema vencedores do Oscar não sabem fazer isso. Só existem nove pessoas no mundo que sabem fazer isso; talvez mais uma três que não conhecemos na Coreia do Norte.

Alec sabe como deixar a câmera ir até ele. Ele transmite muita coisa com um ligeiro movimento dos olhos. Ele fala tão baixo às vezes que mal consigo ouvi-lo quando estou ao seu lado, mas quando você assiste à gravação, dá para ouvir tudo.

Pode não ter me tornado uma atriz melhor, mas pelo menos agora sei por que o que faço é uma porcaria.

Depois de cada aula de teatro de 14 horas, eu fazia uma reunião com cinco ou seis roteiristas no meu apartamento para me inteirar sobre o que tinham escrito durante o dia. No começo, pedíamos comida e trabalhávamos até 1 ou 2 horas da manhã. Meu marido Jeff sentava no que era uma suposta despensa e compunha músicas para a trilha do programa. Havia uma babá eletrônica em vídeo do lado da tela do computador, e eu podia ver a minha filha dormindo enquanto trabalhávamos. Eu me ausentava de vez em quando para trocar a fralda durante a noite. Geralmente, a da minha filha. Essas, com certeza, são as minhas lembranças mais felizes dessa época, porque tudo que importava para mim estava a três metros de distância. Numa noite, coloquei minha filha para dormir, trabalhei com os roteiristas a noite inteira e, de manhã, quando ela acordou, os roteiristas ainda estavam lá. Era a melhor pior coisa do mundo.

Outra noite da qual me lembro: por volta das 3 horas da manhã, Carlock e eu estávamos conduzindo uma revisão na minha sala e percebemos que tínhamos caído no sono enquanto falávamos. Quando acordamos alguns momentos (ou horas?) depois, os outros roteiristas estavam lá paradinhos, esperando as instruções. Isso sim é que é uma equipe dedicada.

A única desvantagem era que o trabalho do dia seguinte começava às 6 horas da manhã. Apesar da exaustão, tenho orgulho de dizer que só perdi a calma uma vez, na minha cozinha. "É demais. É trabalho demais", chorei para o meu marido. Por favor, consulte as seções da "Mineração de carvão" e do "Serviço militar" no Gráfico A para ter uma perspectiva.

Eu só apelei para a violência doméstica uma vez. Tínhamos ido dormir às 3 horas da manhã, sabendo que teríamos que levantar de novo às 5h30, e meu marido não calava a boca de brincadeira enquanto eu tentava dormir. A exaustão o tinha deixado bobo, e ele ficava me cutucando e me acordando, dizendo coisas como: "Preciso perguntar mais uma coisa. Você gosta de pretzel?" Voei do meu travesseiro e o empurrei tão forte do outro lado da cama que vi medo de verdade em seu rosto. Foi uma das pouquíssimas "cenas cortadas do *Star 80*" da minha vida.

Há mais um segredo constrangedor que preciso revelar, algo que nunca admiti para ninguém. Apesar de sermos gratos pelo carinho que *30 Rock* recebe dos críticos e dos hipsters, na verdade estávamos tentando fazer um programa de sucesso. Não estávamos tentando fazer um programa crítico de baixa audiência que zomba da cara do convencional. Tentamos fazer uma espécie de *Home Improvement* e erramos. Sabe aqueles cientistas que estavam desenvolvendo um remédio para pressão e acidentalmente inventaram o Viagra? Tentamos fazer o Viagra e acabamos com remédio para pressão.

Não importava quantas vezes tentássemos corrigir o curso do programa para torná-lo mais acessível — deixar os diálogos mais lentos, contar menos histórias por episódio, parar de pintar o rosto das pessoas de preto —, o programa sempre saía dos trilhos. Na minha experiência limitada, os programas são como as crianças. Você pode educá-las e vesti-las com roupas de marinheiro, mas, no fim, elas serão elas mesmas.

Lá pelo 11º episódio, *30 Rock* tinha realmente encontrado sua voz, e era a voz de uma pessoa louca. O título do episódio acabou sendo "Black Tie", mas enquanto estávamos gravando, nos referíamos a ele como "Adeus, América". Estávamos chegando ao fim do contrato, e não havia sinal de que seríamos renovados para mais uma temporada. O outro motivo de chamá-lo de "Adeus, América" é porque esse episódio era insano. Se estivéssemos preocupados com o fato de o programa ser esquisito demais para ser bem-sucedido, com certeza não ajudamos em nada com esse episódio. A história principal do episódio é que o personagem do Alec, Jack Donaghy, vai à festa de aniversário do seu amigo, um príncipe austríaco gerado de forma consanguínea chamado Gerhardt Hapsburg.

Gerhardt Hapsburg foi interpretado por Paul Reubens, o gênio conhecido pela maioria das pessoas como Pee-wee Herman. Paul se dedicou profundamente ao papel. Ele escolheu usar dentes falsos e uma maquiagem pálida, e tinha uma mão micro de marfim (anos antes das mãos micros da Kristen Wiig no *SNL*, nossos roteiristas gostariam que eu deixasse claro). Caso você estivesse se perguntando se *30 Rock* um dia seria um sucesso comercial, veja a imagem abaixo.

Na história, Jenna (Jane Krakowski) está determinada a se tornar a Grace Kelly ao conhecer e se casar com Gerhardt e virar uma princesa. Isso culmina numa cena onde dança para o príncipe. Jane dançou (como se ninguém estivesse vendo) enquanto Paul improvisava, gritando estilos de dança diferentes: "Jazz! Sapateado! Jitterbug! Charleston! Interpretativa! Pirueta! Pirueta de novo! Continue dando piruetas!" Depois que ele declara seu amor pela Jenna e ela corresponde, Gerhardt toma um gole de champanhe para comemorar, sabendo que isso irá matá-lo porque seu corpo deficiente não metaboliza uva. Ele morre imediatamente. Essa era a nossa melhor tentativa de escrever um seriado de comédia.

O pobre Gerhardt funciona como uma metáfora para o programa em si — estranho, porém esperto, desesperado para ser amado, porém abominável para a maioria. Um membro orgulhoso de uma aristocracia que não existia mais: as redes de TV.

Algumas teorias não solicitadas sobre a televisão

A imagem de Gerhardt me leva a mais uma coisa que gostaria de comentar, que é como o nosso elenco é humanizado. Tudo bem, Alec tem o rosto de um astro de cinema e Jane é coxuda e loura, mas a idade somada dos atores principais da nossa série é de 210 anos, e até os afro-americanos entre nós são meio pálidos. Eu pessoalmente *gosto* de um elenco com vários rostos diferentes, corpos esquisitos e uma coleção diversa de queixos retrognatas, porque me ajuda a diferenciar os personagens. Quando os atores são bonitos demais, não consigo decorar quem é quem. Por exemplo, toda vez que vejo uma foto da Sienna Miller, digo: "Essa garota é bonita. Quem é?"

Durante anos, as redes de TV tentaram recriar o sucesso de *Friends* fazendo piloto atrás de piloto sobre jovens lindos de vinte e poucos anos que moram juntos em Nova York. Jovens lindos de vinte e poucos anos que moram em Los Angeles. Jovens lindos de vinte e poucos anos investigando assassinatos infantis sensuais em Miami.

Esse modelo nunca funciona porque os executivos se recusam a perceber que *Friends* foi a exceção, *não a regra*. Os astros de programas adorados como *Cheers*, *Frasier*, *Seinfeld*, *Newhart* e *The Dick Van Dyke Show* têm rostos normais de seres humanos. É isso que algumas pessoas do nosso programa têm.

Quando você assistia a *Sanford and Son*, não queria transar com todas as pessoas que apareciam, só com Grady. Nunca entendi por que era necessário só ter personagens "gatos" para curtir um programa de TV. É pelo mesmo motivo que não entendo o restaurante Hooters. Por que precisamos curtir asas de frango e seios ao mesmo tempo? Eu sei que são uma parte natural e linda da experiência humana. Os seios também são. Mas por que ao mesmo tempo? Ir ao banheiro também faz parte da vida, mas não iríamos a um restaurante que colocasse privadas no lugar das cadeiras... ou *iríamos*? Com licença enquanto ligo para o meu empresário.

Ele disse que é uma "furada". Eles já têm isso no Japão.

Na semana seguinte ao "Adeus, América", gravamos o episódio 12, que se chamava "O episódio do bebê". Era oficialmente o último episódio do nosso contrato. Os integrantes da equipe estavam ligando para outros lugares atrás de trabalho. No set, as pessoas começaram a ficar de olho nos móveis, imaginando por quanto seriam vendidos na Liquidação de Cancelamento.

Don Fey estava visitando o set por acaso naquela última semana quando Kevin Reilly ligou para dizer que tínhamos sido contratados pelo resto da temporada. Eu talvez nunca saiba por que eles optaram por continuar com o programa (Alec Baldwin), mas o meu maior momento de orgulho na vida adulta foi voltar para o estúdio de gravação e avisar a todo mundo que ainda estavam empregados. (Meu maior momento de orgulho na infância foi quando ganhei do meu tio Pierre no Scrabble com a palavra de oito letras PEIDANDO.)

Em março, a primeira temporada de *30 Rock* estava completa. (Só para constar: epidural, parto normal, sem fezes na cama.) Em setembro do mesmo ano, ganhamos o Emmy de Melhor Série de Comédia.

Como a mãe desse programa que agora tem cinco anos, será que eu preferiria ter um *Two and a Half Men* grande e forte ao nosso programinha fraquinho? Não, eu não preferiria, porque amo o meu programa esquisitinho. Acho que esse programa foi colocado no mundo para me ensinar a ter paciência e compaixão.

"Os dias são longos e os anos são curtos"
— mães donas de casa e pessoas que trabalham com sexo

Agora que terminamos a quinta temporada, está na hora de começar a comprar os paraquedas de novo. Rob Reiner foi um dos convidados do programa nessa temporada e ele fez um grande esforço para dizer a todos que deveríamos ser gratos pelo nosso trabalho. Trabalhos como esse são especiais e não duram para sempre. Não precisa me lembrar disso, Michael Stivic. Já vi o meu futuro, e é um programa sobre perder peso no Lifetime. E eu sequer ganho.

Seguem as repostas para algumas FAQ sobre 30 Rock:

P: É verdade que Alec Baldwin vai sair do show business?

R: Não sei, mas temos um plano de contingência: Billy Baldwin levemente fora de foco.

P: É verdade que Tracy Morgan é tão louco quanto seu personagem?

R: Só existe uma maneira de descobrir isso: cruze os EUA com ele num carro elétrico.

P: Jack e Liz nunca vão "ficar juntos"?

R: Apesar das discussões estilo "Sam e Diane", a relação deles vai continuar mais como a de "Norm e Cliff" — eles se pegam quando estão bêbados e negam depois.*

P: Quando é que passa mesmo?

R: Nos EUA, todas as quintas às 22 horas ou 20h30 ou... quer saber? Deixe gravando.

P: Onde você encontrou Grizz e Pontocom?

R: Grizz e Pontocom nasceram fofos e completamente vestidos e foram encontrados abraçados num campo. Foram eles que inspiraram as bonecas Cabbage Patch e a dança Cabbage Patch.

P: Quando vamos ver mais sobre Pete e os roteiristas?

R: Na nona temporada.

P: Tracy Morgan já deu um beijo de língua numa executiva da NBC?

R: Já, mas só num evento oficial da NBC e só contra a vontade dela.

P: É verdade que Jack McBrayer é igual ao personagem que faz?

---

* Sam, Diane, Norm e Cliff são personagens da série *Cheers*. (N. da T.)

R: Não, o personagem do Jack é um garoto simples de fazenda de Stone Mountain, Geórgia. Jack seria inútil numa fazenda, e ele é da metrópole de assaltos a banco e escândalos sexuais, Conyers, Geórgia.

P: Como é que a Liz Lemon fala tanto de comida e sobre comer demais e não é gorda?

R: A personagem da Liz Lemon tem uma condição rara chamada "orofasmia", na qual tudo que ela come sai imediatamente pelo traseiro dela como um fantasma. Isso foi estabelecido no episódio 219 "O episódio sobre a orofasmia da Liz", na cena da montanha-russa com a atriz convidada indicada ao Emmy Marisa Tomei.

P: *30 Rock* é o programa mais racista da televisão?

R: Não, na minha opinião, o programa mais racista da televisão é o futebol americano da NFL. Por que eles sempre retratam esses caras como assassinos e estupradores?

P: Quantos zeladores trabalham no *TGS*, o programa fictício dentro do programa?

R: Temos oito personagens distintos de zeladores. Joe, Subhas, Zelador Velho, Rolly, Khonani, Euzebia, Rosa e Jadwiga. Os bonecos estão sendo produzidos.

Sarah, Oprah e Capitão Gancho, ou como ser bem-sucedida ao ser mais ou menos parecida com alguém

Eu nunca teria entrado no elenco do *Saturday Night Live* se tivesse ido pelo caminho normal. Quando as pessoas fazem o teste para o programa, elas precisam subir no histórico palco principal do *SNL* e tentar fazer quatro ou cinco pessoas desconhecidas rirem. Precisam demonstrar seus personagens e vozes engraçadas, das quais eu não tenho nenhuma. Minha própria filha lhe dirá que as minhas "vozes engraçadas" são completamente sem graça e que minha imitação do Sr. Smee não tem nada a ver com a do cara do filme.

Fui parar na TV porque Lorne Michaels gosta de promover dentro do grupo. Quando teve que escolher quem substituiria David Letterman no *Late Night* da NBC, ele escolheu o desconhecido ex-roteirista do *SNL* Conan O'Brien. Quando chegou a hora de escolher os novos âncoras do "Weekend Update" em 1999, ele fez uma busca de talentos em todo o território nacional que ia até o outro lado do corredor. Deixou um dos roteiristas-chefe do programa — eu — fazer um teste com o integrante do elenco Jimmy Fallon. Quando fui fazer o teste para o programa, eu já trabalhava lá havia três anos. Não me senti intimidada por ninguém no ambiente e eu já tinha um emprego *no próprio programa* como garantia. Eu não precisava fazer nenhum personagem, só ler piadas sem estragar tudo.

O timing da rotação do "Weekend Update" foi, naquele momento da minha vida, a coisa mais sortuda e louca que já aconteceu comigo.

Quando estava ensaiando para o teste, percebi que eu não conseguia ler as placas. Uso óculos para enxergar de longe desde os meus 21 anos, mas só preciso deles para algumas atividades, como ir ao cinema, achar o cinturão de Órion e ler placas. Então fui ao oftalmologista e comprei meu primeiro par de lentes de contato. No dia do teste, passei uns 25 minutos nervosamente tentando enfiar as lentes nos globos oculares. Até a hora de gravar, eu estava suada e verde de tanto tocar neles. Se você nunca precisou fazer isso, eu diria que não gera tanto pânico quanto perder o barbante do absorvente interno, mas é tão enjoativo quanto fazer um autoexame de mamas. Se você é homem, eu compararia isso a encostar no próprio globo ocular e obrigada por ter comprado este livro.

Jimmy e eu fizemos o teste, assim como várias outras pessoas no elenco e inúmeros comediantes do mundo real. Porque Jimmy era uma estrela e Lorne achava que eu garantiria a parte escrita do segmento, nós fomos aprovados.

Fizemos outro teste de câmera para o set e a iluminação. Pouco interessada em enfiar o dedo nos meus globos oculares de novo, simplesmente usei os óculos nessa segunda vez. Depois do teste, o grande roteirista de comédia e cronista das perversões humanas, T. Sean Shannon, veio falar comigo com seu sotaque texano: "Você deveria usar os óculos, companheira." E com isso, o comum fetiche de bibliotecária foi abraçado como vantagem.

Depois que fui contratada para fazer o "Update", os roteiristas me colocavam nos esquetes de vez em quando. Isso geralmente só acontecia se todas as outras mulheres já estivessem em outros esquetes e não havia mais quem chamar. Mas eles não me usavam muito porque eu nunca realmente parecia com mais ninguém. Molly Shannon tem um rosto que combina com perucas. Suas características são delicadas e simétricas, e o tom da sua pele é neutro o suficiente para que ela interprete uma Courtney Love loura ou uma Monica Lewinsky morena, e você acredita. O rosto da Maya Rudolph pode mudar de Donatella Versace para Beyoncé em 1 minuto e 17 segundos. Eu sempre tenho a minha cara, de peruca. (Veja as fotos abaixo nas quais eu não pareço com Dina Lohan, Janice Dickinson e Barbara Pierce Bush.)

O mais próximo que cheguei de parecer com alguém foi quando me fantasiaram da mulher-barbada do circo e fiquei igual ao meu irmão. Tem algo a ver com meus olhos e minhas sobrancelhas serem escuros demais, mas minha pele é muito pálida e meu nariz é meio comprido. Eu era completamente inútil como sósia.

Então você pode imaginar a minha surpresa...

Então você pode imaginar a minha surpresa quando no dia 29 de agosto, 2008, meu marido me chamou para o quarto para assistir à CNN. John McCain tinha escolhido a governadora de primeiro mandato do Alaska, Sarah Palin, como sua vice, e duas coisas ficaram óbvias na hora. Primeiro, isso era uma tentativa covarde de persuadir os eleitores da Hillary a não votarem no Obama e, segundo — "Ela meio que parece com você", meu marido disse. Fiz cara de desdém. Era só porque ela tinha o cabelo castanho e usava óculos. Mas os e-mails começaram a chegar de amigos, primos e colegas de trabalho. As pessoas realmente me achavam parecida com ela. As mentes mais poderosas do mundo — os âncoras dos canais de notícia e os usuários da internet — começaram a especular se eu a interpretaria no *Saturday Night Live*.

Já tínhamos feito duas temporadas completas de *30 Rock* e estávamos começando a gravar a terceira. Se eu ainda estivesse me perguntando se as pessoas conheciam o programa novo, a resposta estava clara agora: *elas não conheciam*. Ninguém sequer percebeu que eu não trabalhava mais no *Saturday Night Live*. Além do mais, ninguém mais parecia lembrar que quando eu *de fato* trabalhei lá, eu só fazia o noticiário. Elas não se importavam. Elas estavam num frenesi cego. "Cabelo castanho! Óculos!"

Num desenrolar chocante de acontecimentos...

Num desenrolar chocante de acontecimentos, Oprah Winfrey tinha expressado um mínimo interesse educado em participar do *30 Rock*. Desesperados para ter um público maior, nos atiramos na oportunidade como viciados em metanfetamina num balcão de xarope para tosse. Robert Carlock escreveu um roteiro hilário onde Liz Lemon conhece Oprah no avião. (Você pode comprá-lo no iTunes!) Mandamos o roteiro para umas mulheres da Harpo, as quais disseram que Oprah tinha gostado e tinham certeza de que ela faria. Ficamos em êxtase. Enquanto o verão passava, porém, ficou claro que Oprah não tinha de fato visto o roteiro. No fim de agosto, a chefe de gabinete da Oprah (não estou brincando) ligou para dizer que Oprah sentia muito, mas não poderia participar do programa. Esse seria o nosso segundo episódio da temporada, e Oprah era insubstituível. Já tínhamos gravado metade do episódio. Se tudo desse errado, custaria centenas de milhares de dólares para o programa. Era minha a tensa função de falar com a Sra. Winfrey ao telefone e convencê-la a participar. Eu sou péssima, péssima nessas funções. Sou tímida e não sei vender o peixe — na verdade, consigo transmitir que minhas mãos estão suando pelo telefone. Não tentei vender o lado cômico do episódio para a Sra. Winfrey; em vez disso, usei o conhecimento que ela tinha dos horários televisivos e como estaríamos realmente ferrados se ela recusasse. Ela ouviu, porque é inteligente e generosa. Assim, concordou em nos deixar reescrever a parte dela no roteiro e considerou a hipótese de participar, mas eu sabia que enquanto as imagens da Oprah não estivessem "na lata do filme", eu andaria por aí com uma forma muito específica de ansiedade física que é uma sensação de como se meu coração estivesse se encolhendo como uma uva-passa.

Enquanto isso, do outro lado da cidade...

Enquanto isso, do outro lado da cidade, os funcionários do *Saturday Night Live* estavam se preparando para começar a temporada mais cedo, no dia 13 de setembro, para poder cobrir essa eleição importante dos EUA. O programa é sempre mais animado nos anos de eleição e já provou sua relevância política inúmeras vezes durante seus 35 anos de duração. (Preciso incluir frases como essas porque estou tentando ganhar uns créditos de faculdade.)

No dia 3 de setembro de 2008, Palin, que era governadora na época, aceitou a nomeação de vice-presidente. Na mesma época, Oprah concordou formalmente a participar de *30 Rock*, e foi determinado que o tema a festa de 3 anos da minha filha seria do Peter Pan. Cada um desses eventos foi igualmente importante na minha vida.

Lorne e eu conversamos sobre a impressionante questão pública (hipérbole) de que eu deveria interpretar a governadora Palin. Aparentemente, naquela manhã, tanto o porteiro do Lorne quanto Robert De Niro haviam falado com ele sobre como nós éramos iguais. Será que ousaríamos decepcionar Frank, o porteiro, e Robert De Niro?

Lorne e eu compartilhávamos da mesma hesitação: se todas as pessoas do mundo tiveram a mesma ideia de elenco, não era possível que a ideia fosse *boa*, certo? Quando você trabalha no *SNL*, as pessoas abordam você o tempo todo para falar coisas como: "Sabe o que você deveria fazer? Um esquete sobre o meu cunhado", ou "Você deveria fazer um esquete onde Tiger Woods e Obama têm uma coisa gay entre eles". As pessoas sempre têm muitas opiniões sobre o programa, mas nunca têm razão, então porque teriam razão agora?

Mas Lorne também é um produtor *old-school* e, bem lá no fundo, acho que ele sabia que se me escalasse para um papel "por demanda popular", mesmo que eu fosse uma porcaria, poderia dar audiência. Uma boa audiência é uma boa audiência, mesmo que as pessoas só vejam para ficar irritadas de como foi uma porcaria.

Resolvemos não resolver. Essa é outra técnica que aprendi com Lorne. Às vezes, se você tem uma decisão difícil para tomar, fique enrolando até a resposta surgir sozinha.

De volta ao 30 Rock...

De volta ao *30 Rock*, marcamos o dia da gravação com a Srta. Oprah Winfrey. Ela generosamente se ofereceu para ir de avião no sábado, dia 13 de setembro, para fazer as cenas. Isso seria perfeito. Eu poderia planejar tranquilamente a festa da minha filha para o dia 14, no domingo. O único problema remanescente era que eu não conseguia achar pratinhos e copos do Peter Pan. Dá para encontrar os da Sininho e do Capitão Gancho, mas não do Peter Pan. Será que a Disney estava numa espécie de conflito legal com o espólio do J.M. Barrie? Eu não tinha tempo para me envolver com isso! Eu tinha menos de uma semana! Copos do Capitão Gancho com pratos da Sininho teriam que ser suficientes.

Faltavam quatro dias para o primeiro episódio da temporada do *SNL*, e Lorne ainda não tinha se decidido. Eu andava pelo escritório do *30 Rock* dizendo a todos que eu não tinha como interpretar Palin

— eu estava ocupada demais, não sabia imitar ninguém e é importante dizer "não" às vezes e não tinha como eu me comprometer com aquilo — mas, no fundo, eu tinha total noção de que ninguém tinha me chamado para interpretar a Palin. "Ele já ligou para você? Ele já ligou para você?", meus amigos perguntavam. Não. Me encostei bruscamente no armário da escola e brinquei com o meu rabo de cavalo.

Eu tinha arrogantemente achado que tudo dependia de mim e da minha vontade de fazer o papel, mas é claro que a decisão era do *Lorne*, e não minha. O programa é *dele*.

Ainda tentando controlar a situação, liguei para o escritório do Lorne no fim da tarde de quarta-feira, depois da leitura, e deixei um recado dizendo que não queria interpretar Palin, caso isso fosse uma opção. Não retornaram a ligação.

Na quarta à noite, Alice e eu desenhamos o Peter Pan para ser pendurado na festa. Expliquei para ela o aparente problema de licenciamento em relação aos pratos. Ela foi compreensiva e sugeriu que a gente relaxasse fingindo ser a Wendy e uma sereia durante os 65 minutos seguintes.

Na quinta-feira, o escritório da Oprah ligou para dizer que ela tinha ouvido falar que eu talvez participasse do *Saturday Night Live* no sábado e se eu não preferia remarcar a gravação. Não, não, não! Vamos fechar esse lance da "O", pelo bem do meu coração de uva-passa.

Na quinta de manhã, fui dar uma olhada no meu pedido da Amazon.com. O presente de aniversário que eu tinha encomendado não tinha chegado ainda. Também comecei a ver vídeos da Sarah Palin no YouTube. Quão difícil poderia ser imitar a voz dela?

No fim da tarde de quinta, Lorne ligou para dizer que Seth Meyers tinha escrito um esquete e que eu deveria passar lá no início da noite de sexta para ensaiar com Amy. Se eu não achasse legal, outra pessoa poderia fazer.

Analisei as minhas preocupações. Kristen Wiig seria melhor no papel. (Lorne concordou.) Achei que, qualquer papel que eu fizesse, as pessoas deduziriam que o texto era meu e que estaria expressando as minhas opiniões pessoais. Isso era só uma mania de grandeza, é claro, afinal, ninguém sequer tinha percebido que eu não era mais do programa. Mesmo assim, eu não queria ser uma personagem de estoque que qualquer roteirista na equipe pudesse usar quando quisesse. Eu não queria, por exemplo, fazer o papel da Sarah Palin num esquete onde a Hillary Clinton era uma lésbica invejosa ou algo do tipo.

Além disso, eu tinha receios em fazer comédia política depois de ter tido problemas com isso alguns meses antes.

A minha boca entra na política.
O resto do meu corpo é obrigado a acompanhar.

Depois da greve do Writers' Guild of America que mudou o mundo em 2008, me pediram para ser a apresentadora convidada do primeiro Saturday Night Live *que seria exibido. Finalmente o mundo veria toda a minha extensão de personagens cômicos — da bibliotecária emburrada à bibliotecária russa.*

Seth e Amy perguntaram se eu queria aparecer no "Weekend Update" para fazer um segmento de "Notícias para mulheres". O que os roteiristas do "Update" e eu escrevemos era para ser sobre como

Hillary Clinton era tratada e vista durante a campanha. Era para mostrar que os Estados Unidos pareciam estar mais à vontade com um candidato masculino da minoria do que uma candidata feminina branca. Era para debater (através de uma piada) o fato de as pessoas não gostarem da Hillary porque havia uma vaga sensação de que ela era meio chata e como isso era injusto. Era para ser sobre a política de gêneros, e não a política de verdade.

O que ficou parecendo era um evidente apoio meu a Hillary Clinton.

Não é como se eu não gostasse da Sra. Clinton como candidata, o problema é que as matérias do "Weekend Update" são escritas com muita pressa. Se você apresenta o programa, só começa a escrever no sábado à tarde. Não é de espantar que tudo acaba sendo malfeito e grosseiro. Eu estava no camarim do apresentador entre o ensaio geral e o momento de exibição do programa — me sentindo como Stallone, só que sem o charuto e os dentes bonitos. Só queria que o programa fosse bom. Eu precisava de um fim mais marcante para a matéria da Hillary Clinton, e o meu amigo e maquiador Richard Dean sugeriu "Vaca é o novo preto". Fazia sentido no contexto da matéria e com certeza era marcante. Além disso, já eram 23h10, então ia ser isso mesmo.

Eu teria optado por não ser política demais se tivesse tido mais tempo para melhorar o texto porque, primeiro, acho que dá mais poder aos comediantes e âncoras de notícia se forem imparciais e, segundo, sou uma covarde.

No dia seguinte, os eleitores do Obama no Huffington Post estavam revoltados. O ex-presidente Clinton ligou para a minha casa para me agradecer. A Sra. Clinton ligou mais tarde no mesmo dia para me agradecer, provando que Bill é só um pouquinho melhor na parte de fazer social da política.

> *Quando contei para a minha mãe que o ex-presidente Clinton tinha dito que eu "tinha feito uma coisa ótima para o meu país" ao defender a Sra. Clinton daquele jeito, ela fez um barulho de vômito. Eu já contei que meus pais são republicanos?*

A sexta-feira chegou, e sei o que você está se perguntando — sim, o navio pirata e o monstro do mar da Imaginext que eu tinha pedido chegaram, e os embrulhei no meu camarim entre as montagens de cenário. Gravei durante 12 horas no falso prédio 30 Rock, então, depois de ter inspecionado a limpeza do cenário de avião e o camarim da Oprah para a manhã seguinte*, fui para o prédio 30 Rock verdadeiro por volta das 22 horas para ensaiar com Amy Poehler. Me senti mais segura em saber que Amy levaria o esquete nas costas, caso eu fosse péssima, porque ela é uma atriz muito talentosa e generosa. Quer dizer, ela não é nenhum Cris Katan de vestido, mas considerando as limitações darwinianas das mulheres em comédia, ela se sai muito bem.

Fomos para o andar do estúdio em frente à equipe, e tentei fazer a minha imitação meia-boca. Não foi a pior das imitações, mas ainda havia muito o que melhorar.

Porque Seth e eu já escrevemos para pessoas que imitam as outras de verdade, como Darrell Hammond, ao longo dos anos,

---

* Não é o tipo de coisa que eu faria normalmente, mas queria que tudo estivesse perfeito para a Srta. Oprah. Jon Hamm, se você voltar como participação especial, não vou pré-inspecionar a sua privada. Posso até inspecionar depois para ter certeza de que você não roubou nada.

sabíamos de truques que podíamos usar. Os sons que forem mais úteis para as imitações podem ser usados quantas vezes você quiser quando escreve. Para Palin, havia muitos "erres fortes". Palavras como "repórteres e comentadores". Palavras que você não consegue dizer são evitadas. Por exemplo, nunca consegui descobrir como ela diz "Todd". Amy acrescentou piadas. Eu acrescentei algumas piadas. Todo o processo foi agradável, colaborativo e fácil.

No sábado, dia 13 de setembro, eu acordei às 6 horas da manhã e filmei minhas cenas com Oprah no Silvercup Studios, em Queens. Ela foi ótima. E realmente é cheirosa. E pude abraçá-la várias vezes nas cenas. (Se você não curte o iTunes, pode comprar o DVD do *30 Rock* no Walmart.) Entre as montagens de cenário, eu sentava com a minha filha no colo e via a governadora Palin no YouTube para tentar melhorar meu sotaque. Oprah parecia estar realmente preocupada comigo. "Quanto tempo você vai ter para ensaiar?", "Você tem fitas para ouvir?", "Você vai para lá depois daqui?!". (A propósito, quando Oprah Winfrey está sugerindo que você pode ter excedido a sua quantidade de tarefas, precisa reavaliar a porra da sua vida.) Por volta de 17h30, Oprah e eu terminamos, e fui para o *SNL*, mas não antes de roubar uma cesta da Edible Arrangements intocada do camarim da Oprah para servi-la na festa de aniversário do dia seguinte.

O resto da noite aconteceu assim: cheguei no *SNL*, experimentei a peruca e a roupa, Amy e eu fizemos o esquete três vezes — leitura, ensaio geral e ao vivo — e acabou. Às 23h10, eu já podia relaxar vendo o resto do programa e tomar uma taça de vinho. Na verdade, aquela foi a primeira noite em que meu marido e eu saímos depois de meses.

Toda a experiência foi incrivelmente serena. Talvez tenha sido porque as cenas com Oprah já estavam "na lata do filme" e meu coração podia parar de se autodestruir. Talvez tenha sido porque eu me sentia segura do lado da minha querida amiga Amy. Talvez tenha sido porque eu sabia que não podia ser demitida porque não trabalhava mais lá. Obviamente, uma grande parte foi o fato de Seth ter escrito um esquete muito bom. Não fiquei nem um pouco nervosa. Fazer aquele esquete ao vivo na TV foi uma alegria que eu nunca tinha tido como artista.

Aqui está o esquete...

TODO REVISADO SÁBADO 14H30

(MEYERS)

PALIN/CLINTON ABERTURA - Tina/Amy/~~Pardo~~ Bill NARRAÇÃO EM OFF

(ABRE COM: PLANO FIXO FF: ~~ASD~~ GRÁFICO)

~~PARDO~~ Bill (NARRAÇÃO) (1/4")

E agora, um não partidário recado da governadora Sarah Plain e da senadora Hillary Clinton.

(CORTA PARA: AMY, COMO HILLARY CLINTON E TINA, COMO SARAH PALIN EM DOIS PÓDIOS. TINA ESTÁ ANIMADA. AMY, NEM TANTO)

TINA

Obrigada!

AMY

Obrigada.

TINA (CONTINUA)

Boa noite, meus compatriotas americanos. Eu fiquei tão animada quando soube que a senadora Clinton e eu falaríamos com vocês hoje.

(MAIS)

PALIN/CLINTON ABERTURA (CONTINUA)

AMY

E eu fui informada que falaria sozinha
com vocês.

TINA

Sei que deve ser um pouco estranho
vocês verem nós duas juntas,
já que eu sou a candidata à vice-presidência
do John McCain.

AMY

E eu sou uma partidária fervorosa
* do senador ~~do~~ Barack Obama -
como pode ser visto por este button.

TINA

Mas hoje estamos cruzando os limites
dos partidos para mostrar que papel feio
o sexismo está fazendo na campanha.

AMY

Uma questão que me surpreendeu
quando soube que as pessoas de repente
se importam com isso.

(MAIS)

PALIN/CLINTON ABERTURA (CONTINUA)

TINA

Sabe, Hillary e eu não concordamos
em tudo.

AMY

Em nada, Eu acredito que a diplomacia
deveria ser a base da política externa.

TINA

E eu consigo ver a Rússia da minha casa.

AMY

Acredito que o aquecimento global
é causado pelo homem.

TINA

E eu acredito que é apenas Deus
nos abraçando mais forte.

AMY

Eu não concordo com a doutrina Bush.

TINA

Eu não sei o que isso significa.

AMY

Mas a única coisa na qual podemos acreditar
é que o sexismo não pode permear
uma eleição americana.

(MAIS)

2ª REV. SÁBADO 19H

PALIN/CLINTON ABERTURA (CONTINUA)

TINA

Então, por favor, parem de colocar
a minha cabeça em fotos sensuais de biquíni.

AMY

E parem de dizer que tenho *tornozelões* ~~tornozelos gordos~~.

TINA

Não se refiram a mim como MILF

AMY

E não se refiram a mim como "FLURJ".
Procurei o significado no Google e *não gostei* ~~é muito ofensivo~~.

TINA

~~Então pedimos a~~ repórteres e comentadores,
parem de usar palavras que nos diminuem,
como "bonita", "atraente", "linda".

AMY

Ou *"bruaca" "megera"* ~~"bruxa"~~, "bruaca" e "broxante" *broxante* "~~mata-ereção~~."

TINA

Apesar das nossas políticas serem diferentes,
minha amiga e eu somos senhoras duronas.
Isso me lembra uma piada que contamos
no Alaska.

(MAIS)

<u>2ª REV. SÁBADO 19H</u>

<u>PALIN/CLINTON ABERTURA</u> (CONTINUA)

TINA (CONTINUA)	AMY
Qual é a diferença...	Batom.
entre uma mãe classe média...	Batom.
e um pitbull?	Batom.

(PAUSA)

Batom.

TINA

* Vejam até onde chegamos.
Hillary Clinton, que chegou tão perto
da Casa Branca. E eu,
Sarah Palin, que estou mais perto <u>ainda</u>.
Você acredita nisso, Hillary?

AMY

Não acredito mesmo.

TINA

É algo maravilhoso. Acho que as mulheres
de todos os lugares concordam que,
independentemente da política que você segue,
é hora de uma mulher chegar à Casa Branca.

(MAIS)

2ª REV. SÁBADO 19H

PALIN/CLINTON ABERTURA (CONTINUA)

AMY

Era para ser a

Não. Minha vez! minha vez!

~~TINA~~

~~Senadora?~~

AMY

Preciso dizer uma coisa.
Eu não queria que uma mulher fosse presidente.
por acaso, sou uma
Eu queria ser presidente e eu, ~~sou~~ mulher.
E eu não quero ouvir você comparar a sua estrada para a Casa Branca com a minha estrada para a Casa Branca. Eu me arranhei e me arrastei pela lama e pelo arame farpado e você chegou deslizando num trenó puxado a cachorro com o sua faixa de Miss e os óculos da Tina Fey.

TINA

~~Obrigada, Hilary.~~ Que tempo maravilhoso em que vivemos!
Só de pensar que, há dois anos,
eu era uma prefeita de cidade de interior
da capital da metanfetamina do Alaska...

(MAIS)

2ª REV. SÁBADO 19H

PALIN/CLINTON ABERTURA (CONTINUA)

TINA (CONTINUA)

* E agora estou a um piscar de olhos
de ser a presidente dos Estados Unidos.
Isso só mostra que qualquer pessoa
* pode ser presidente.

AMY

Qualquer pessoa.

TINA

Tudo que você precisa fazer é querer.

AMY

(RI)

É verdade. Ao analisar tudo,
* se eu pudesse mudar uma coisa,
eu deveria ter querido mais.

(ARRANCA UMA PARTE DO PÓDIO)

TINA

Então, nas próximas seis semanas,
eu convido a mídia para ficar de olho
em qualquer comportamento sexista.

AMY

Apesar de nunca ser sexista questionar
a educação de uma candidata feminina. *Por favor, pergunte a esta aqui sobre dinossauros.*

(MAIS)

PALIN/CLINTON ABERTURA (CONTINUA)

AMY (CONTINUA)

~~Porque certamente não foi~~
Para concluir,
~~há alguns meses~~. Eu convido a mídia
a criar coragem. Se vocês não conseguirem,
eu empresto a minha.

~~TINA/AMY~~
~~Ao vivo, de Nova York,~~
~~é o Saturday Night!!!~~

TINA
E, como dizemos no Alaska...
AMY
Nós dizemos em todos os lugares.

(ENTRA: MONTAGEM)
(MÚSICA: TEMA)
(FIM)

Esse esquete poderia ter sido facilmente uma briga boba entre as duas candidatas. O que Seth e Amy escreveram, porém, eram duas mulheres se expressando juntas contra o sexismo na campanha. Na vida real, essas mulheres sentiram lados diferentes da mesma moeda do sexismo. As pessoas que não gostavam da Hillary a chamavam de machona. As pessoas que não gostavam da Sarah a chamavam de Barbie Caribou. Tentaram marginalizar essas mulheres por causa do gênero. A fala da Amy que diz: "Apesar de nunca ser sexista questionar a educação de uma candidata feminina" era basicamente a declaração da tese para tudo que fizemos nas seis semanas seguintes. Não que alguém tenha percebido. Todo mundo viu um esquete sobre feminismo e não percebeu por causa de todas as piadas. É como quando Jessica Seinfeld coloca espinafre no brownie das crianças. Tolinhas!

Naquela noite, o programa foi visto por dez milhões de pessoas, então acho que o diretor da Second City que disse "a plateia não quer ver um esquete com duas mulheres" pode ir cagar no mato.

A festa de aniversário do dia seguinte também foi bem-sucedida e, acredito eu, teve o mesmo impacto na campanha presidencial de 2008. Quero agradecer à minha cunhada Dee, que levou macarrão com queijo, e Jessie, que fez frango apimentado. Aqui está uma foto não histórica do bolo de navio pirata do meu amigo Michael.

As semanas seguintes foram muito empolgantes. Na quarta-feira, a minha filha começou a creche. No domingo depois disso, *30 Rock* ganhou sete Emmys. Enquanto isso, uma vez por semana, eu ia para o meu emprego de brincadeirinha à noite e fazia os esquetes. Isto é o que me lembro deles.

Semana 2: Katie Couric entrevista Sarah Palin

Acho que Amy vai querer que eu diga que ela está muito grávida nesta foto.

Seth escreveu originalmente um esquete com Sarah Palin "solo", o que significa que ela estaria sozinha, falando direto para a câmera. Perguntei se poderíamos mudar para que eu pudesse contracenar com Amy de novo. Já que o meu background é de improvisação e não stand-up, eu prefiro ter uma amiguinha no palco. A entrevista da Katie Couric foi basicamente um esquete que foi entregue de bandeja.

Seth escreveu rapidamente um rascunho e, como eu estava vendo a Sra. Palin no YouTube várias vezes para tentar melhorar a minha imitação, perguntei para Seth se eu podia incluir uma divagação, que era quase toda transcrita, sobre o empréstimo financeiro do governo.

Na segunda semana, percebi o que deixava essa experiência tão divertida e diferente. Pela primeira vez na vida, eu estava atuando para uma plateia que *queria* me ver. Eu tinha passado tantos anos distribuindo filipetas, implorando as pessoas para verem a minha equipe de improvisação. Eu estava tão acostumada a tentar conquistar a plateia ou a precisar de permissão para me apresentar, que uma plateia disposta era um luxo incrível. Era como se um peso tivesse sido tirado. Pensei: "Deve ser assim que Darrell se sente ao interpretar Bill Clinton." Ou quando Tracy Morgan faz qualquer coisa. As pessoas ficam simplesmente felizes em vê-los.

Semana 3: o debate entre vice-presidentes

Esse foi o meu esquete preferido por três motivos.

Primeiro, acho que contribuí com muitas piadas, então meu ego de roteirista escolhe esse como o preferido.

Segundo, Queen Latifah estava lá.

Terceiro, os discursos que Jim Downey escreveu para Jason Sudekis como Joe Biden foram brilhantes. Principalmente a parte onde Biden está tentando provar que não faz parte da elite de Washington ao falar sobre ser de Scranton, Pensilvânia, "o lugar mais abandonado no planeta Terra". Achei genial porque, além do ataque *ad hominem* em relação a Scranton ser uma piada de esquerda hilária, também exemplifica o que a eleição tinha se tornado. Em vez de falar sobre as questões, todos estavam tentando provar como eram "gente como a gente". "Sou igual a vocês" era o subtexto de todos os discursos.

A política e a prostituição são os únicos empregos onde a falta de experiência é considerada uma virtude. Em que outra profissão

você se gabaria por não saber das coisas? "Não sou um daqueles cirurgiões cardíacos top de linha da Harvard. Sou apenas um encanador sem licença e com um sonho e eu gostaria de abrir a sua caixa torácica", o povo aplaude.

As duas piadas que me lembro de escrever sobre o esquete do debate são esta sobre o aquecimento global:

Gwen Ifill

Senadora Palin, expresse sua posição
em relação ao aquecimento global
e se você acredita que seja causado
pelo homem ou não.

Gov. Sarah Palin

Gwen, nós não sabemos se essa coisa
de mudança climática é causada pelo homem
ou se é apenas uma parte natural de
"O Fim dos Dias".

E esta aqui:

```
              Gwen Ifill
Governadora Palin, você daria os mesmos
direitos para casamentos do mesmo sexo
em todo os EUA?

           Gov. Sarah Palin
Sabe, eu tenho medo de onde isso pode
chegar. Eu acredito que o casamento
é uma instituição sagrada entre dois
adolescentes relutantes.
```

Essa piada sobre a "instituição sagrada do casamento" foi provavelmente a mais pesada que fizemos. "Pesada" na linguagem de um esquete de comédia quer dizer cruel ou sombria. Como você deve se lembrar, a filha da Sra. Palin, Bristol, estava grávida na época e noiva do namorado da escola, Levi Johnston. Essa piada estava no limite de ser muito direta sobre a família Palin. Portanto, já que a gravidez da Bristol e o noivado subsequente foram considerados por tantas pessoas como um exemplo lindo do movimento pró-vida, achei que era uma parte oficial da campanha. Além do mais, a piada não foi *tão* pesada assim. Um exemplo de uma piada realmente pesada é este:

Um pedófilo anda pelo mato com uma criança.
A criança diz: "Esse mato dá medo."
O pedófilo diz: "Eu que o diga. Vou ter que sair daqui sozinho."

Isso sim é uma piada pesada.

Ou:

Sarah Palin: Só de pensar que, há dois anos, eu era uma prefeita de cidade de interior da capital da metanfetamina do Alaska... E agora estou a uma pinta esquisita de me tornar presidente dos EUA.

Uma piada sobre o câncer de pele do John McCain? Pesada demais. Essa foi a piada que testei no ensaio geral no esquete Sarah-Hillary. Minha amiga Jen Rogers, que é uma sobrevivente do câncer, achou engraçado. A plateia do estúdio, não.

Me lembro distintamente de sair do palco depois que Latifah gritou "Ao vivo, de Nova York" achando que era a coisa mais divertida e empolgante que eu faria na vida. Lembro de achar que era uma "vitória permanente". Ninguém poderia tirar isso de mim. A prova existia permanentemente na fita que, naquela única ocasião, fui engraçada.

Aqui, na metade da minha carreira de seis semanas, os esquetes estavam "na moda". Eles eram vistos no mundo todo pela internet. Um jornal francês sem querer publicou uma foto minha e da Amy no esquete da Katie Couric achando que era uma foto real de Couric e Palin. Mas acho que isso tem menos a ver com o "poder da sátira" e mais a ver com o fato de os franceses acharem que todos os americanos são bolas de massa indistinguíveis.

E, ah, as "reportagens dos canais de notícia"! A melhor coisa dos canais de notícia é que eles precisam de assunto 24 horas por dia. Às vezes eles mostram Anderson Cooper rindo com uma das Real Housewives de Atlanta. Às vezes mostram Rick Sanchez gritando sobre xarope de milho. Eles têm um tempo infinito para preencher, mas os espectadores ficam meio "deprês" se os noticiários fornecem informações de verdade sobre as guerras e essas coisas, então o "Retrato da Sarah Palin pela mídia" e o *SNL* e eu nos tornamos a carragena nas pérolas das notícias americanas durante semanas. Virei uma estrela dos canais de notícia, como um tubarão ou uma criança branca desaparecida!

O lado ruim de ser uma estrela dos canais de notícia é que qualquer mongoloide com uma gravata acoplável pode virar um "especialista" em você. Um dia, sem querer, vi um imbecil chamado Tom alguma coisa na MSNBC dizendo que ele tinha achado que eu não tinha "me portado bem" no processo todo. Na opinião dele, a Sra. Palin tinha se portado com dignidade, e eu, não. (Tenho quase certeza de que a única coisa especialista do Tom é que ele supervisiona um site onde as pessoas adivinham incorretamente quem pode ganhar prêmios no show business.) Havia uma atitude condescendente por trás dos comentários de Tom que garanto que ele não teria em relação a um comediante masculino. Chris Rock estava fazendo turnê na época e ele estava chamando George W. Bush de "retardado", literalmente. Acho que Tom-alguma-coisa não teria expressado nenhuma decepção sobre Chris não estar se portando gentilmente. Aprendi como é incrivelmente frustrante ver alguém falar besteira sobre você e *não poder reagir*.

Esse tipo de raiva, suspeito eu, é a coisa que tenho em comum com a Sra. Palin. Quando alguém fala mal da gente, nós queremos reagir.

Porém, eu, como integrante experiente da Elite da Mídia da Costa Leste, sei que não adianta nem tentar. Você pode brigar com o seu marido ou sua esposa o quanto quiser, mas no momento em que você publica comentários na internet usando o seu nome, ou quando liga espontaneamente para um programa de rádio para afirmar que você *não* é "um camarão" (tira a cabeça e fica com o corpo), ou quando você escreve uma carta para Lisa de Moraes do *Washington Post* orientando-a a "chupar um saco de pintos", você atravessou a fronteira de Loucópolis, e nunca mais voltará.

Mais ou menos na mesma época...

Mais ou menos na mesma época, meu amigo de longa data Damian Hollbrook, um escritor da *TV Guide*, tinha combinado de me entrevistar para a nova temporada. (Damian e eu fizemos Summer Showtime juntos*. O personagem Damian em *Garotas malvadas* é uma homenagem a ele.)

Ele passou o dia no set de *30 Rock* e foi jantar no meu apartamento depois. Damian tinha um ótimo senso de humor e rimos muito. Depois do jantar — bem depois do que eu considerava a "parte da entrevista" do nosso dia ter acabado —, Damian me perguntou o que eu faria se McCain-Palin ganhassem a eleição. Eu continuaria com o meu bico no *SNL*? Eu disse brincando, com uma voz forçada: "Se eles ganharem, eu vou embora da Terra." Era obviamente uma piada sobre as pessoas que dizem coisas idiotas assim. Não importa qual seja a sua posição política, todo mundo conhece um babaca que diz: "Se o Bush ganhar, vou me mudar para o *Canadá*"; "Se o Bush ganhar de novo, eu vou realmente morar no Canadá"; "Se o Obama ganhar, vou atirar naquele *#%#@" etc.

Mas Damian colocou "Eu vou embora da Terra" no artigo, e impresso ficava realmente idiota. O editor dele vazou esse artigo

* Veja se você consegue adivinhar que nome usei para ele naquele capítulo.

antes de a edição ser lançada para gerar atenção para a revista. Os canais de notícia caíram como patinhos e começaram a falar no assunto sem parar. Parecia que eu era uma babaca de primeira linha. Fiquei irritada com Damian, porém, mais que isso, achei perturbador. O fato de eu causar "problemas" com uma piada meia-boca que fiz na minha própria casa foi um nível de exposição que não curti.

Meu irmão me ligou verdadeiramente preocupado. Eu deveria tomar cuidado com o que digo porque há "muitas pessoas loucas no mundo". Desliguei o telefone e me debulhei em lágrimas na sala dos roteiristas do *30 Rock*. O pobre Matt Hubbard me viu desmoronar com um olhar de preocupação e nojo geralmente reservados para quando ele vê a mãe vomitar.

Semana 4: "Weekend Update" especial no horário nobre com Will Ferrell

SNL estava fazendo programas especiais de meia hora nas quintas à noite, às 20h30. Participei de um deles, algo que só posso descrever como "A minha viagem ao acampamento fantasioso de esquetes de comédia". Pude ficar ao lado de Will Ferrell interpretando George W. Bush e Darrell Hammond interpretava John McCain. Esses dois caras são mestres. Darrell é um técnico preciso que pode imitar qualquer pessoa, de Jesse Jackson a Donald Trump e Al Gore. Will, por outro lado, é um comediante que tem um estilo dos Impressionistas. A técnica dele é solta, no limite do aleatório, mas quando você se dá conta, ele está imitando George W. Bush perfeitamente.

Se Darrell é da Vinci, Will é Monet, e eu sou eu, de peruca.

Esse esquete teve um tom diferente dos outros porque foi escrito pelo melhor gênio da comédia do mundo, Adam McKay (*O Âncora:*

a Lenda de Ron Burgundy, *Ricky Bobby — a toda velocidade*). Era sobre George W. Bush tentar endossar o esquema McCain-Palin, e John McCain tentando negar o endosso.

Devo enfatizar que esse esquete foi a gota d'água para os meus pais republicanos. Eles ficaram animados e foram entretidos como todo mundo nas primeiras semanas. Talvez o tom desse esquete tenha sido mais agressivo, ou talvez o ciclo dos canais de notícia os tenha desgastado a acharem que estávamos sendo cruéis, mas o resultado final foi uma repreensão da minha mãe: "Vocês estão exagerando agora."

Semana 5: o "fator surpresa"

"Fator surpresa" é o termo que o roteirista veterano do *SNL* Jim Downey inventou para descrever aquele momento esquisito quando uma pessoa famosa "aparece de surpresa" atrás do ator que interpreta essa pessoa e finge estar com raiva. Vou além na definição do Jim e vou incluir toda vez que alguém sendo parodiado se oferece para participar do programa e provar que "estão à vontade com a piada". Os roteiristas de comédia odeiam o Fator Surpresa. No quesito roteiro, é simplesmente tosco. Mas como outras coisas toscas — sorbet, quadrilha, Ano-Novo — as pessoas parecem amar. Durante meu tempo no *SNL*, me envolveram em pelo menos cinco desses negócios. O sucesso foi variado e pessoas como Debbie Matenopoulos e Monica Lewisnky foram incluídas.

Se você está numa semana do Fator Surpresa, seus colegas de trabalho perguntam com compaixão: "Como vai *isso*, hein?" O que se podia fazer? Algumas vezes, conseguimos produzir uma obra de pura comédia que é muito querida para nós e que tem apresentadores ótimos como Alec Baldwin e Julia Louis-Dreyfus. Outras vezes, precisamos sentar e tomar nota do irmão mais novo dos Hanson sobre as piadas que não ele não curtiu tanto. O Fator Surpresa faz parte do trabalho e, quando o assunto são os ossos do ofício, é muito melhor do que prender o braço num debulhador.

O que quero dizer é, durante a quinta semana, as pessoas da campanha da Sarah Palin ligaram para Lorne para dizer que ela gostaria de participar do programa. Eu fui contra.

Primeiro, era um Fator Surpresa clássico, e nós tínhamos sido muito bem-sucedidos nos roteiros até aquele momento.

Segundo, as coisas estavam ficando tensas. Os eleitores de McCain-Palin gritavam invectivos raciais nos comícios, e a campanha não estava exatamente acabando com esse comportamento. Eu não queria ficar de brincadeira e abraçar Sarah na frente das câmeras e ser vista como alguém que apoia a campanha deles.

Terceiro, eu tinha visto imagens da governadora Palin e da sua linda filha mais nova Piper sendo vaiadas num jogo dos Flyers. (Classudo, cidade natal, muito classudo.) Eu tinha certeza de que a plateia nova-iorquina liberal do *SNL* iria vaiar Sarah até não poder mais. Eu não queria que isso acontecesse e eu definitivamente não queria estar do lado dela quando isso acontecesse para todo mundo achar que eu a tinha colocado numa armadilha. Eu não queria ser cúmplice de um momento horrível da TV ao vivo durante o que estava se tornando uma campanha cada vez mais horrível.

Lorne não achou que teria problema nenhum. Porém, Lorne também estava com uma audiência de 7+ há três semanas, e a verdadeira Sra. Palin com certeza excederia isso. Ela era a audiência em ouro — pepitas puras de "audiência em ouro" esperando para serem arrancados dos dentes de um cadáver. (Nessa metáfora, não tenho certeza se o cadáver representa a minha carreira, a campanha McCain ou a televisão.)

Eu disse para Lorne que se a governadora de fato aparecesse, eu não participaria. Lorne sugeriu que eu não me decidisse tão rápido. Ele e eu sabíamos que as coisas estavam tão esquisitas nos canais de notícia que, se eu não aparecesse, eles fariam uma notícia falsa de qualquer jeito. As legendas da CNN leriam: "MENINA MALVADA: Fey se recusa a aparecer com Palin. Os eleitores da Palin consideram essa atitude 'antiamericana' e 'levemente judia'. Hoje, às 21 horas, Rick Sanchez revela o Mito do Xarope de Milho..."

Eu estava entre a cruz e a espada, a menos que Lorne simplesmente recusasse a participação dela. E isso não ia acontecer. Veja referência acima: audiência em ouro.

Fiquei magoada com Lorne ter me colocado nessa posição. Ao mesmo tempo, nunca esqueci que ele também "me colocou na posição" de estar na TV em primeiro lugar, algo que ninguém mais no mundo teria feito. Confie em mim, eu tinha que fazer teste para os papéis.

Liguei para Lorne e disse que eu participaria do programa, mas que era muito importante para mim que a gente protegesse a governadora Palin das vaias. Sugeri que ele começasse com ela nos bastidores no corredor 8H. A plateia do estúdio só a veria nos monitores e, sem saber se estava vendo uma coisa ao vivo ou não, seria menos provável que vaiasse.

Meu único outro pedido foi o seguinte: não queria aparecer em nenhuma foto "a dois" com a Sra. Palin. Explico, ela é muito mais alta e mais bonita que eu, e nós estaríamos usando a mesma roupa, literalmente. Já tinham me obrigado a ficar do lado da Jennifer Aniston e da Salma Hayek em fotos; existe um limite para o que posso aguentar. E, sinceramente, sei que se essa foto existisse, eles a mostrariam no Emmy algum dia quando eu morrer, e prefiro que eles mostrem esta:

Lorne ligou no dia seguinte para dizer que tinha uma ideia e que Seth estava fazendo um rascunho. Começaríamos comigo numa entrevista coletiva falsa, depois cortaríamos para Lorne e a governadora Palin nos bastidores. A ideia de chamar Alec Baldwin também foi do Lorne.

Como um adorado apresentador do *SNL* e um famoso guerreiro liberal, o fato de Alec ficar do lado da Sarah mandaria um recado "todo mundo numa boa" para a plateia.

Ensaiamos no sábado à tarde, como era de costume, mas desta vez havia muita segurança no prédio por causa da candidata a vice-presidente. Encontrei a Sra. Palin no andar do estúdio quando fomos ensaiar. Ela já estava com o cabelo feito e toda maquiada porque tinha vindo direto de um comício eleitoral. Eu estava de rabo de cavalo e com a minha cara exausta de sempre. Nos cumprimentamos, e eu disse rapidamente: "Não se preocupe, eles vão me maquiar." Quando tomamos nosso lugar no ensaio, minha filha apontou toda animada para a governadora Palin no monitor. "Ela está confusa", a Sra. Palin riu.

Não ficamos muito tempo juntas, mas conversamos um pouco sobre filhos. Ela ofereceu que a filha Bristol tomasse conta da Alice durante o programa, se fosse necessário. Agradeci, dizendo que Alice era pequena demais para ficar até a hora do programa. Ela sempre ia embora para casa com o pai depois do intervalo do jantar. Não imagino que Bristol teria curtido fazer isso de qualquer maneira. Era seu aniversário, ela estava em Nova York, e eu tinha feito uma piada horrível sobre ela na semana anterior. Mas aprecio o fator mãe na oferta da Sra. Palin. Ela poderia muito bem ter dito: "Vocês precisam desfazer o set hoje? Porque posso pedir para Todd vir aqui com ferramentas elétricas."

Todo o pessoal da Sra. Palin era muito prestativo. O cabeleireiro dela ajeitou a minha peruca para ficar mais parecida ainda com o cabelo da governadora. A maquiadora identificou a cor do batom que estávamos tentando descobrir havia quatro semanas: era apenas lápis de boca e hidratante labial.

E então eram 23h30.

Seth escreveu um Fator Surpresa admirável. Havia piadas boas no início, e Alec foi engraçado com Sarah nos bastidores. Tivemos a quantidade requisitada de constrangimento da falsa surpresa.

A governadora Palin e eu nos cruzamos por apenas um instante, e quando ela foi para o centro do palco, foi recebida com muitos aplausos. Gosto de achar que a minha sugestão de começar com ela nos bastidores valeu a pena, mas é mais possível que eu tenha subestimando como Sarah Palin é uma estrela gigante da mídia. Até a plateia mais nova-iorquina estava eufórica em vê-la ao vivo.

Depois do programa, me senti obrigada a encontrar a Sra. Palin no camarim e me despedir. "Bom trabalho. Você deveria voltar para apresentar um dia", eu disse. Ela com certeza daria conta. Depois eu disse: "Agora, você vai dizer a todos que se divertiu em Nova York, né? E que todo mundo foi legal com você?", Sarah sorriu e concordou com a cabeça. "Vou. Ninguém me deu medo nem nada do tipo." Eu não podia acreditar na complacência que estava saindo da minha boca. Eu estava falando com essa mulher como se estivesse lembrando uma criança de dizer "por favor". Acho que eu só estava torcendo para, onde quer que a campanha a levasse no dia seguinte, ela incluir a cidade de Nova York como uma das partes "pró-América" do seu país.

Na minha opinião, o momento mais significante para as mulheres na campanha de 2008 não foi o discurso de aceitação da governadora Palin nem o fato de Hillary Clinton abrir mão dos seus 1.896 representantes. O momento mais emblemático de como as coisas mudaram para as mulheres nos EUA foi Amy Poehler, grávida de nove meses, fazendo rap fingindo ser Sarah Palin e mandando muito bem.

Ver Amy fazer rap me deixou muito feliz por ela ter encontrado um jeito de fazer comédia de verdade num Fator Surpresa. A virtuosidade e a alegria no desempenho dela me fizeram ver que era hora de devolver esse trabalho para os profissionais. Senti como aquele personagem no *Flowers for Algernon*. Não o Charlie, e sim aquela professora da faculdade que percebe que precisa parar de se roçar no cara com retardo mental!

A audiência foi de 10.7/14 milhões de pessoas.

Mais uma vez constrangedora e chega?

Na semana antes da eleição, John McCain quis aparecer no programa. Eu tinha conhecido o senador McCain quando ele foi apresentador do *SNL* em 2002, e todos nós gostamos muito dele. (Ele não era um dos babacas não-mencionados.) Eu já tinha até passado um dia com ele na capital. Ele fez um tour do senado para mim e para meu marido antes de posarmos juntos para esta capa "vamos votar" da revista *Life*.

(A propósito, a revista perdeu muitos leitores imediatamente depois disso.)

Era loucura que um candidato à presidência quisesse aparecer num esquete que fazia paródia à sua vice-presidente apenas dias antes da eleição? Claro, mas o que não era loucura naquela época? Um muçulmano comunista queniano estava prestes a ser eleito presidente.

Seth escreveu um esquete sobre McCain-Palin comprando tempo num canal de vendas com uma tentativa desesperada de conseguir mais eleitores.

Pela última vez*, Jane, a maquiadora, passou lápis acima dos meus lábios para deixá-los maiores. Louis grudou minhas orelhas (tenho orelhas de abano, Sarah, não) e Betty colocou minha peruca castanha. Fui até o camarim do senador McCain para ler as falas com ele, e ele começou a rir de maneira desconfortável quando me viu. "É simplesmente estranho", ele disse.

E foi isso. Passamos por todo o ciclo de vida de um personagem do *SNL* — do nervosismo da primeira vez até o Fator Surpresa e o "De novo isso?" — em seis semanas.

---

* Aparentemente, não foi a última vez. Também estou disponível para festas e eventos corporativos.

Uma das melhores partes disso tudo é que a minha filha pode ter lembranças da infância de ter ido ao *SNL*. Eu saí do programa tão rápido depois que ela nasceu que não achava que ela conheceria esse lugar e essas pessoas, mas agora ela vai conhecer, o que significa muito para mim porque foi o meu lar por muito tempo.

Umas das piores partes disso tudo é que descobri como é ser um para-raio. Recebi alguns e-mails ameaçadores e com certeza ainda há pessoas que vão me odiar pelo resto da minha vida por causa do que "fiz" com Sarah Palin. Num nível intelectual, isso não me incomoda nem um pouco. Num nível mais humano, eu preferiria que gostassem de mim. As pessoas simplesmente deduziram que eu estava atacando Sarah Palin pessoalmente ao imitá-la na TV. Ninguém disse que era "cruel" quando Chevy Chase fez Gerald Ford caindo o tempo todo. Ninguém nunca acusou Dana Carvey nem Darrell Hammond nem Dan Aykroyd de "irem longe demais" nas imitações de políticos. Você já entendeu o que estou querendo dizer. Eu não sou cruel, e a Sra. Palin não é frágil. Insinuar o contrário é um desserviço a nós duas.

Alguns meses depois da nossa conversa simpática sobre filhos (e meus comentários condescendentes sobre Nova York), Sarah disse ao cineasta conservador John Ziegler que Katie Couric e eu tínhamos explorado e nos aproveitado da família dela. Mas agora sei que é melhor não reagir aos ataques da mídia. No entanto, se eu *fosse* reagir, eu provavelmente diria: "Adoro o seu reality show!", ou talvez eu enfatizasse que, quando aqueles esquetes foram vistos 58 milhões de vezes na internet no mundo todo, não recebi nada porque os atores não são pagos pelo reuso da internet. (Se prepare para uma greve de atores num futuro próximo.) Mas é mais provável que eu não dissesse nada.

Alguns podem argumentar que explorar a governadora Palin e sua família ajudou a chamar atenção do meu programa de TV de baixa audiência. Tenho orgulho de dizer que estão errados. Meu programa continua arrasando na audiência quase nula. Sejamos realistas, quando se junta Alec Baldwin e eu, cerca de 50% da população acha que somos monstros comunistas de esquerda.

Tem uma anã bêbada na minha casa

Ah, bebês! Eles são mais do que criaturinhas adoráveis nas quais você pode culpar seus puns. Como a maioria das pessoas que teve um filho, sou uma especialista em tudo e vou dizer, sem você ter pedido, como criar o seu filho!

Amamentação vs. fórmula

Inventada em meados dos anos 1800 como uma opção desesperada para órfãos e bebês raquíticos, a fórmula infantil foi aperfeiçoada desde então para ser uma fonte completa e confiável de estresse e humilhação para as mães. Qualquer pessoa que leia livros sobre gravidez sabe que o leite materno fornece nutrição, imunidade e momentos de aproximação inestimáveis. Leite é melhor. A não ser que precise voltar a tomar seus remédios de tarja preta ou algo do tipo. Nesse caso, você pode dar cerveja light para seu bebê ou o que for necessário para não enlouquecer.

Mas se você é saudável, realmente deveria amamentar. *Você tem a obrigação de amamentar o seu bebê.*

Quando eu estava grávida (lembre-se de já fiquei grávida uma vez *e* estou na TV: essas duas coisas combinadas fazem de mim uma especialista), fiquei confusa com todas as publicações sobre amamentação estarem cercadas de propagandas de fórmulas.

Todas as revistas grátis no consultório da minha médica diziam a mesma coisa nos artigos: "Amamentar é melhor para o seu bebê." Mas sobrepondo esses artigos havia páginas de propagandas coloridas e reconfortantes dizendo coisas como:

> "O seu bebê merece o melhor. INFAMILK, agora com mais Crypthecodinium!"
>
> "OS MÉDICOS DIZEM para amamentar, mas se você for uma mãe adotiva, EXPERIMENTE SIMIMIL."
>
> "10 entre 100 mil médicos dizem que Enfante provavelmente não causa cegueira."
>
> "Nenhuma outra fórmula dá ao seu bebê um melhor começo na vida, a não ser aquela coisa que sai de você de graça."

Será que amamento ou não? Pedi ajuda para minha mãe. "Nem tenta", ela disse. Isso é uma diferença de gerações. É a mesma mulher que disse para eu pedir "sono crepuscular" durante o parto. (Sono crepuscular é um remédio para a dor que apaga a memória e que os médicos davam às mulheres nos anos 1950 toda vez que precisavam tirar o bebê ou inserir um invasor de corpo.) Eu *nunca* teria escolhido o sono crepuscular porque eu queria estar presente para a minha experiência de parto e também porque não é mais oferecido. Minha mãe é filha da Depressão. Como membro da Geração X, sou mais bem-informada, tenho mais poder e sei que quando o assunto é amamentação, tenho uma obrigação com o meu bebê de fingir que estou tentando.

Escolhi amamentar, e foi uma época *maravilhosa* na minha vida. Realmente me tornou uma mulher diferente, e é a coisa mais gratificante que já fiz.*

Há muitas opiniões diferentes sobre quanto tempo deve-se amamentar. A Organização Mundial de Saúde diz que são seis meses. A Associação Americana de Pediatras diz que um ano é o ideal. A revista *Mothering* sugere que você amamente a criança até um pouco antes do jantar de noivado. Para o meu anjinho e eu, o número mágico foi cerca de 72 horas.

Começamos a nossa jornada de amamentação no hospital com a instrução de uma entusiasmada enfermeira irlandesa do turno da noite chamada Mary. Tentamos o colo de "bola de futebol", o colo do "berço ao contrário" e um que eu gosto de chamar de o "Bret Michaels", onde você meio que fica em cima do bebê e enfia o seio dentro da boca dele para acordá-lo. Não fomos bem-sucedidas, então naquela primeira noite, as outras enfermeiras deram fórmula à minha filhinha sem me pedir. Tentei ficar horrorizada, mas eu estava muito cansada. Quando chegamos em casa, tentamos de novo. Abandonei toda a vaidade, como se deve fazer, e sentei sem camisa no sofá. Aqui vivenciamos outra diferença entre gerações. Geração X queria fazer isso dar certo para que pudesse contar às pessoas que tinha conseguido, e a pequena Geração Y queria que eu desse logo a porcaria da fórmula e ela estava disposta a gritar até conseguir.

---

* A não ser por inúmeras coisas muito gratificantes relacionadas ao trabalho.

Um dos meus quinhentos apelidos para minha filha é Nani, o diminutivo de Nanica, porque ela foi um bebê muito pequeno. Nasceu uma semana antes e um pouco abaixo do peso, com 2,4 kg. A minha obstetra sugeriu quando fui olhar a minha filha que talvez eu não tivesse descansado o suficiente durante a minha gravidez e que por isso ela era tão pequena. "Que vaca", pensei comigo mesma no que pode ter sido um jato de hormônios pós-parto ou uma avaliação precisa da personalidade da minha médica.

Então começamos a suplementar a Nani regularmente com a fórmula. Ela já era pequena, e eu não queria que ela ficasse menor ainda enquanto eu dominava a arte antiga de amamentar para provar como sou incrível e impressionante. É claro que ainda assim eu dava leite materno. Você precisa, precisa, precisa dar o leite materno. *Você tem uma obrigação com o seu bebê de dar leite materno*. Vou explicar como funciona.

Se escolher não amar seu bebê o suficiente para amamentá-lo, pode tirar o leite usando uma bomba. (Isso poder ser mais fácil para a mãe moderna porque é um utensílio caro, e ficamos mais à vontade com isso do que com bebês.) Crie um ritual de tirar o leite que seja relaxante e constante. Escolhi tirar leite a cada duas horas enquanto assistia aos episódios da série da HBO *Entourage*. Com o ruído da bomba no fundo, quase consigo ouvir minha filhinha sendo cuidada com amor no quarto ao lado enquanto Turtle grita numa SUV: "Ei, E, já comeu uma mulher menstruada?" Consegui fazer isso durante quase sete semanas antes de não ter mais episódios de *Entourage* para assistir e entrar numa depressão profunda.

Pouco tempo depois, fizemos a troca para uma dieta só de fórmula. Se você já abriu uma lata de fórmula infantil e sentiu o cheiro, sabe que parece que uma pessoa enfiou vitaminas velhas num balde de folhas molhadas e depois as secou num carro quente. Além disso, uma lata de fórmula custa algo como quarenta dólares. Elas ficam trancadas atrás do balcão com as pilhas e os ingredientes da metanfetamina. Pra você ver a demanda pela coisa!

De qualquer forma, o bebê estava crescendo. Não me sentia mais presa, passando trinta de cada noventa minutos conectada a um Espremedor de Suco de Teta da Williams-Sonoma. Mas ainda assim eu tinha uma sensação sobrepujante de decepção. Eu tinha fracassado numa coisa que era teoricamente natural.

Eu ficava na defensiva e irritada toda vez que esse assunto surgia. Numa festa, com uma amiga que conseguia amamentar seu filho numa boa, vi o marido dela chegar com uma mamadeira de leite materno que era do tamanho de um Big Gulp. Era mais leite do que eu tinha produzido durante todas as sete semanas — eu culpo *Entourage*. Enquanto o amigo do meu marido amamentava o bebê, ele disse casualmente: "Esse negócio é ouro líquido. Sabia que deixa as crianças mais inteligentes?", "Vamos marcar uma data!", gritei. "Um teste de QI. Daqui a cinco anos, a partir de hoje. Meu bebê de fórmula vai destruir o seu!" Por sorte, minha boca estava tão cheia de bolo que eles não me entenderam.

Depois que resolvi me livrar da culpa, algo que demorou um pouco, o único obstáculo remanescente eram as Nazistas da Amamentação. Essas mulheres não apenas se gabam sem fim sobre o filho de 5 anos ainda amar leite materno, elas também enchem o seu saco por causa das suas escolhas. Você reconhece as NAs por causa do discurso militante que elas têm:

"Você está amamentando? Não é maravilhoso? Acho que foi por isso que perdi peso tão rápido. Você teve parto vaginal? O meu foi natural e não soltei nem uma lágrima. Você já voltou a trabalhar?

Você se sentiu mal por voltar a trabalhar? Amo tanto meu bebê que não consigo me imaginar voltando a trabalhar ainda. Você não está amamentando? Ela só tem 15 meses, você deveria tentar de novo!"

Agora, quero ser bem clara: milhões de mulheres no mundo todo amamentam os filhos lindamente durante anos sem criticar ninguém por causa disso. As Nazistas da Amamentação são apenas um fenômeno ocidental de classe média alta que ocorre quando mulheres altamente ambiciosas são privadas de outras formas de realizar feitos. As maiores infestações são no Brooklyn e em Hollywood.

Quando confrontada por uma NA, você tem duas opções. Primeiro, quando perguntarem se está amamentando, você pode sorrir e dizer: "Estou. É maravilhoso." (*Você tem uma obrigação com o seu bebê de mentir.*) Ou você pode atirar para matar. As únicas pessoas que conseguem humilhar as Nazistas da Amamentação são as Mamães Adotivas. Se você tem um amigo ou uma amiga que tenha um filho adotivo, principalmente se a criança for de outro país, *leve essa pessoa com você*, porque elas geram um curto-circuito no cérebro das Nazistas: "Como posso... me sentir superior... você... sacrifício maior... não consigo julgar..." e seus grandes mamilos de pires pulam para fora enquanto elas desmoronam no chão e desaparecem.

Aprendeu a lição? Quando as pessoas dizem que você realmente, realmente *precisa* fazer alguma coisa, quer dizer que não precisa nada. Ninguém nunca diz: "Você realmente, realmente *precisa* ter o seu filho durante o trabalho de parto." Quando é verdade, não precisa ser dito.

"Tempo para mim"

Qualquer especialista vai dizer que a melhor coisa que uma mãe pode fazer para ser uma mãe melhor é arranjar um pouco de tempo para si. Seguem algumas atividades ótimas de "tempo para mim" que você pode fazer.

Vá muito ao banheiro.

Se ofereça para tirar a louça da lava-louças.

Tome banhos de noventa minutos. (Se você só toma banho a cada três ou quatro dias, vai ser mais fácil de se safar com essa dica.)

Diga que vai procurar o Hipoglós, entre no quarto do seu filho e fique parada até seu marido aparecer e dizer bruscamente: "O que você está fazendo?"

Fique na pia comendo o resto da comida do seu filho ou da sua filha enquanto ele ou ela puxam a sua calça, pedindo a comida de volta.

Tente estabelecer que você é a única pessoa na sua família que pode ir aos correios.

"Durma quando o seu filho dormir." Todo mundo conhece essa dica clássica, mas eu digo por que parar por aí? Grite quando o seu filho gritar. Tome Benadryl quando o seu filho tomar Benadryl. E ande sem calça quando o seu filho andar sem calça.

Leia! Quando o seu filho finalmente for dormir, pegue um livro emocionante como Comer, Rezar, Amar *ou* Orgulho e Preconceito *ou o meu preferido,* Entendendo as Disfunções do Sono: Narcolepsia e Apneia, Um Estudo Clínico. *Usar um pouco do tempo para ler toda noite me ensinou a fingir ser narcoléptica quando meu marido perguntou qual era o meu "plano" para desmontar a árvore de Natal.*

Ao implementar apenas quatro ou cinco dessas técnicas fáceis, você se sentirá mais revigorada e terá a energia que precisa para não beber até de noite.

O guia de uma celebridade para comemorar o nascimento de Jesus

Goldie e Kurt gostam de se banhar nas águas cristalinas de St. Barts. Melanie e Antonio preferem o frescor festivo de Aspen. Tina e Jeff são completamente loucos pela Route 80W entre a Filadélfia e Youngstown! Sempre vamos lá.

Deitar na praia é meio “moderno” para mim. Prefiro passar o Natal de maneira retro-chique como José e Maria — viajando arduamente para seu lugar de nascimento para ser julgado, sem nenhuma garantia de ter uma cama quando chegar ao destino. Você pode acabar dormindo num sofá de vime velho com um cachorro lambendo seu rosto enquanto um infomercial do Ab Rocket passa ao fundo. É uma manjedoura contemporânea.

Nossa peregrinação anual de um conjunto de aparentados para outro acontece todo dia 26 de dezembro, ou, como chamam no Canadá: Dia do Tédio.

Sempre planejamos sair por volta das 7 horas da manhã e, como um relógio, saímos porta afora às 10 horas. Depois de botar gasolina, de degelar o carro e dar meia volta por causa de um movimento peristáltico inesperado, deslizamos pela gloriosa 80W às 10h30. Claro, existem aquelas pessoas modernosas que preferem pegar a 76/70 porque "a paisagem é mais bonita" e "tem um McDonald's", mas eu acho que a 80W tem um certo *ceci me déprime*.

Meu marido dirige todo o percurso de sete horas porque não tenho carteira de motorista. É uma das várias coisas na quais sou desenvolvidamente atrasada. Não sei dirigir. Não sei cozinhar carne direito. *E* não tenho nenhuma afinidade com animais. Não odeio os animais e nunca machucaria nenhum deles; simplesmente não me importo ativamente com eles. Quando uma colega de trabalho me mostra fotos fofas do seu cachorro, tenho dificuldade de reagir corretamente, como uma pessoa autista que foi ensinada a reconhecer as emoções humanas através de cartões com palavras escritas. Em suma, sou péssima.

Há muitas *vantagens* em me ter como esposa. Só não consigo pensar em nada agora, e tenho certeza de que meu marido também não consegue pensar em nada enquanto atravessa todo o estado da Pensilvânia.

Mesmo assim, tem algo de hipnotizante e relaxante sobre percorrer as montanhas Allegheny, procurando freneticamente por um sinal de rádio. Se o trânsito estiver bom, não vai nem conseguir ouvir uma música inteira. Então me aconchego entre o painel fervente e a porta congelante e curto uma estática de rádio com eventuais fragmentos de uma transmissão religiosa aos gritos.

> KHHHHHHHHHHHHHHH — Amigos, vocês estão vivendo como se houvesse uma coroa no Céu esperando por vocês? — KHHHHHHHHHHHHHHHHHHHHHHHHHHH — o homem deve matar seu eu — KHHHHHHHHHHHHHHHHHHHHHHHHHHHHHHH.

Quando sentir que "seu eu está morrendo", pare o carro e curta um dos restaurantes locais.

Recomendo o Roy Rogers na Saída 4B ou o Roy Rogers na Saída 78. Se você é um "comedor" daqueles, saia da estrada em DuBois e curta um sanduíche feito num lugar que é 80% um posto de gasolina.

"Youngstown!", meu marido sempre grita quando passamos pela placa. Ele grita de um jeito que é possível ouvir as letras aumentando no fim, como um cartão postal antigo. Na metade das vezes, ele me acorda assim. É isso mesmo, eu durmo enquanto ele dirige. Eu já disse que sou péssima?

Na última hora, a estrada de asfalto vira estrada de interior cheia de neve e o sistema do GPS desliga porque você está num lugar do mundo que a Toyota não reconhece (e o sentimento é mútuo).

Sempre paramos devagar para não atropelar nenhum gato. (Um dos segredos mais bem guardados da "vida no interior" é que as pessoas acidentalmente esmagam os próprios bichos de estimação.)

A casa está quentinha e aconchegante por causa do aquecedor à lenha. Há abraços e beijos e tortas e sopa e presunto e biscoitos e um fluxo contínuo de café Maxwell House sem lactose. Nós, pessoas urbanas, podemos fingir que preferimos aquela porcaria da Starcorps com leite desnatado e adoçante, mas a quem estamos querendo enganar? Porém nada bate um Maxwell House com xarope de milho de baunilha.

Uma coisa que a cidade natal do meu marido tem que não existe em St. Barts é a água. "Legalmente potável" não descreve exatamente. Se você bebe direto da torneira, o cheiro é de... Como posso descrever? É como ferver dez mil ovos na água da banheira de uma prostituta. A água deixa as joias verdes, mas o cabelo fica macio e maleável. Então, apesar de essa água não *existir* em St. Barts, eu provavelmente poderia *vendê-la* por lá.

Meus sogros sempre têm um cachorro gigante — um cachorro tão grande que até eu consigo vê-lo. Durante anos era o Robbie. Quando Robbie morreu de causas surpreendentemente não relacionadas a veículos, eles pegaram o Bear. Outra maneira de o meu corpo rejeitar o amor canino é que sou alérgica a eles. Nos primeiros Natais, eu precisava me dopar de Benadryl para sobreviver. Acabava dormindo metade do dia e depois arrastava os pés sem rumo pela casa como Judy Garland na época decadente num especial de Natal. A maioria dos meus aparentados não conheceu a minha personalidade de verdade até inventarem o Claritin.

Minhas três cunhadas sempre foram acolhedoras e carinhosas e, rapaz, como elas sabem limpar a cozinha. Depois de uma refeição de família enorme, elas lavam e escovam e secam e colocam plástico filme como ninguém. Ajudo mais ou menos como a caçula mimada de classe média que sou. "Onde... devo colocar... este osso de galinha? Jogo fora, ou...?" Veja a referência acima: "péssima."

Não posso prometer que vá encontrar uma família tão querida quanto a do meu marido com quem se hospedar no seu Natal na Route 80. Sinceramente, sei que não vai encontrar porque tínhamos a Vovó Pearline. Pearline tinha 87 anos quando eu a conheci, e ela viveu até os 96. Ela passava a maior parte do tempo no andar de cima vendo TV e fumando de maneira inveterada. Havia se aposentado gradualmente de trabalhar muito a vida toda, cuidando dos filhos, arrumando a casa e cozinhando numa mina de carvão em West Virginia. Ela tinha ganhado o direito de se referir ao *National Enquirer* como "o jornal".

Quando minha filha nasceu, a memória de curto prazo da Pearline já tinha ido para o espaço. Ela descia e sorria para o bebê. "De quem é esse bebezinho?", "É DO JEFF!", a gente gritava. "Que sobrancelhas escuras!" Ela sorria e fazia carinho na cabeça do bebê. "Nunca tinha visto um bebê com sobrancelhas tão escuras!" Então, umas duas horas depois, ela descia para tomar uma xícara de café. "De quem é esse bebezinho? Que sobrancelhas escuras!" E isso acontecia durante três dias.

Para dar uma referência, este é o bebezinho moreno de quem ela falava.

Fizemos uns sete ou oito Natais seguidos na 80W antes de eu dar uma idiota e mexer em time que está vencendo. Por que eu não podia ser como Goldie e Kurt e simplesmente fazer o que dá certo? Não conseguia porque, por mais que a viagem sempre fosse glamourosa, ficou ainda mais mágica e glamourosa quando o bebê virou uma criança. Num ano, acho que ela gritou durante todo o caminho de Hazleton até Moshannon State Forest. E quem poderia culpá-la? Ela não entendia por que estava presa numa cadeirinha gelada só para comer batata frita velha do Roy Rogers.

Numa tentativa de tentar fazer as coisas serem mais fáceis para mim, que é a base de todas as piores decisões da História (vide: "A anulação do imposto estatal do George W. Bush", "o plano do Scott Peterson" e "*Dred Scott vs. Sandford*"), convidei toda a família para ter uma aventura de Natal em Nova York. Aprendi rapidamente que tentar obrigar o povo do interior a amar a Big Apple é como dizer ao seu primo gay que ele só não conheceu a garota certa ainda. Eles simplesmente não gostam da cidade grande. Não tem problema. É normal. Eles nasceram assim.

Quando você vê sua cidade grande através dos olhos de um não-admirador, nota coisas que normalmente não notaria.

"Humm. Acho que tem *mesmo* um monte de cocô de cachorro na rua 83."

"Não, é ótimo. Colocamos o lixo na porta dos fundos e, quando começar a ficar cheio demais, o zelador vem catar."

"Quem, *aquele* cara? É... ele está se masturbando mesmo. Tudo bem, vamos entrar no parquinho pelo outro lado."

A Aventura de Natal em Nova York não deu muito certo. Meu sogro tropeçou numa rachadura na calçada e passou o resto da semana educadamente fingindo que não tinha deslocado o ombro. Levei todas as crianças de metrô e no meio da multidão para que vissem a árvore de Natal do Rockerfeller Center, que é praticamente única no mundo, a não ser pelas centenas de árvores perto da casa delas em Ohio.

Se eu tiver uma coisa a discutir com o povo do interior é que eles não são gastronomicamente aventurosos. A comida italiana de família fez com que todos tomassem antiácidos. Iogurte grego deixou a minha cunhada constipada como se eu tivesse oferecido um pote de argamassa. Mas quem sou eu para julgar? Nunca consegui entender pasta de presunto nem ovos em conserva. E eu gostaria que me explicassem por escrito qual é a grande maravilha do molho de maçã concentrado.

Depois de quatro dias, dava para ver que a cidade os estava cansando. Estranhamente, eles achavam que tinham que andar muito. Parece que o povo da cidade anda muito mais que o povo do interior.

Meu sobrinho mais novo foi no mercadinho comigo. "Nossa, tem muito estrangeiro aqui." Não, expliquei, essas pessoas moram aqui. Na "Grande mistura americana", a parte rural de Ohio pode ser uma bola de farinha branca que não foi mexida direito. Não que Nova York seja melhor. Nova York é aquele pedaço de alho que você come achando que é uma batata e que deixa aquele gosto na boca o dia inteiro. Tudo se mistura depois que você mexe, mas às vezes é preciso realmente dar aquela amassada.

Era óbvio que precisávamos esquecer aquele ano e tentar alguma coisa diferente. Ano passado, determinados a "guardar" toda a viagem pela 80W até que a nossa filha possa realmente *apreciá-la* daqui a uns vinte anos, fiz uma nova sugestão: vamos nos encontrar no meio do caminho. Escolhemos Williamsport, na Pensilvânia, o lar do Campeonato de Beisebol Infantil e quase exatamente na metade do caminho entre nós no mapa.

Passamos três dias e duas noites no Holiday Inn e depois cada um foi para um lado. Não consigo enfatizar o quanto isso deu certo... Porque não sei fazer um "sublinhado duplo" no computador.

As crianças nadaram na piscina do hotel. Nós jantamos no Red Lobster. Não existe nenhum ser humano que não goste dos biscoitos de cheddar do Red Lobster. Qualquer pessoa que diga o contrário é mentirosa e socialista. Alimentamos 15 pessoas por duzentos dólares. Sucesso!

No dia seguinte, enquanto Beyoncé e Jay-Z se chateavam em algum iate, tentando descobrir como se diz "desentupidor" em francês, nós passeávamos pelo Lycoming Mall. Havia um carrossel para as crianças. Mais tarde, fizemos a troca de presentes no lobby perto de uma árvore de Natal de três metros que ninguém precisou montar nem desmontar. Sucesso!

Naquela noite, enquanto Mariah e Nick compravam joias para cachorro em Aspen, nós nos reuníamos numa refeição maravilhosa na pousada local chamada Herdic House. Essa pousada vitoriana majestosa oferecia um cardápio que agradava tanto aos babacas da cidade grande quanto os carnívoros do interior. Costeleta de porco, pato, torta de pera. O ambiente era aconchegante, cheio de luzes e natalino de uma maneira que agradava todo mundo.

É claro que o ingrediente final para as férias de Natal perfeitas é um bom Abafador. O Abafador é uma pessoa neutra que mantém a conversa leve. Todo mundo precisa de um Abafador. Você acha que Mary e Joseph não ficaram animadíssimos ao verem o Menino do Tambor?

Naquela noite na Herdic House, a minha melhor amiga da escola, Marlene, e seu marido se juntaram a nós para o jantar. Ela também estava visitando a família em Williamsport e é o Abafador perfeito. Minha Marlene consegue conversar com *qualquer pessoa*. Ela conseguiria conversar com Frankenstein sobre seus parafusos no pescoço. Ela conseguiria conversar com a sua tia-avó Joyce sobre os tumores de uma pessoa que ela nunca conheceu. Ela conseguiria trocar e-mail com uma coroa de flores. Nick e Mariah *sonham* em ter um Abafador bom assim. Eles provavelmente queriam se matar depois de três dias usando roupas de esqui que combinavam sem de fato esquiar em nenhum momento. WILLIAMSPORT PARA A VITÓRIA!

Neste Natal, vou pegar meu burro metafórico e atravessar a 80W de novo. Mas insisto que estejamos de volta em Nova York para o Ano-Novo, onde fazemos uma coisa mais Acabe e Jezabel.

Se vira

Minha filha pegou recentemente um livro na biblioteca da escola chamado *Minha mãe trabalhadora*. Havia um desenho de uma bruxa na capa. "Você escolheu esse livro sozinha?", perguntei para ela, tentando ser casual. Escolheu. Nós lemos o livro e a mãe bruxa era muito ocupada e às vezes repreendia a filha por fazer bagunça perto do seu caldeirão. Ela tinha que sair voando para várias reuniões, e a filha da bruxa dizia algo como: "É difícil ter uma mãe que trabalha, principalmente porque ela gosta do que faz." Na emocionante conclusão, a mãe bruxa chega no último minuto para ver a peça da filha na escola, e a filha da bruxa diz que não gosta de ter uma mãe que trabalha, mas que não consegue imaginar a mãe de outro jeito. Eu não amei. Tenho certeza de que OS DOIS HOMENS que escreveram esse livro tinham as melhores das intenções, mas isso me leva ao que quero dizer: o assunto das mães que trabalham é uma apresentação de sapateado num campo minado.

É menos perigoso desenhar Alá dando um beijo de língua no Tio Sam — algo que quero deixar bem claro que EU NÃO FIZ — do que falar sinceramente sobre esse assunto.

Vou começar dizendo que já me ofereceram uma ou duas vezes o prêmio de "mãe do ano" por grupos de mães que trabalham ou uma revista para mães, e sempre recuso. Como eu poderia saber se sou uma boa mãe ou não? Como qualquer pessoa pode saber até que o filho ou filha tenha 23 anos e toda a poeira da personalidade tenha baixado? Mas as mães que trabalham querem ratificar que não tem problema trabalhar, principalmente se trabalham em revistas onde podem enfiar essa ratificação e vender para as mães que ficam em casa ansiando por notícias do mundo lá fora.

Qual é a pergunta mais grosseira que você pode fazer a uma mulher? "Quantos anos você tem?"; "Quanto você pesa?"; "Quando você e a sua irmã gêmea estão sozinhas com o Sr. Hefner, vocês precisam fingir que são lésbicas?". Não, a pior pergunta é: "Como você se vira?"

"Como você se vira?", as pessoas sempre me perguntam com um olhar acusativo. "Você está estragando a porra *toda*, né?", dizem seus olhos. Minha resposta padrão é que tenho algumas dificuldades como uma mãe que trabalha, mas que tenho a grande sorte de ter o emprego dos meus sonhos.

A versão mais comprida da resposta é mais complicada.

Quando a minha filha tinha uns 2 anos, eu estava convencida de que a nossa babá estava cortando as unhas dela curtas demais. Elas ficavam vermelhas às vezes, e ela cortava além da parte branca; estava tudo errado, na minha opinião. Sei que você está pensando que a coisa mais óbvia a se fazer era falar isso para a babá. Preste atenção.

Eu consigo mandar em vinte roteiristas de comédia; consigo discutir com um motorista de táxi sobre a Décima Avenida contra a West Side Highway; conto feliz uma piada sobre Osama bin Laden ou o Ku Klux Klan ao vivo na TV; mas eu não conseguia falar com a babá sobre as unhas da minha filha. Aposto que a Margaret Thatcher diria a mesma coisa se estivesse viva hoje*.

Eis a verdade: eu não conseguia dizer à mulher que toma conta da minha filha todo dia com amor e dedicação que eu não gostava do jeito que ela fazia essa única coisa. Não queria magoá-la.

E eis a outra camada da verdade: como alguém que cresceu sendo da classe média, sem empregadas nem faxineiras de nenhum tipo, eu não sabia lidar com isso. Eu não era apenas uma mãe de primeira viagem, eu também tinha uma relação de patroa-governanta intercultural de primeira viagem e estava arrasada. Talvez fale para aquela repórter errante da *Showbiz Hollywood* na próxima vez que ela me perguntar se é estranho para mim mandar em tantas pessoas: "Quem? Esses atores e motoristas e câmeras? Esses tolinhos não me assustam. Agora, você pode ligar para a minha casa e falar para a minha babá que vou chegar quarenta minutos atrasada? Por favooooor?"

Mas esta é a verdade verdadeira: eu não queria passar o MEU TEMPO PRECIOSO EM CASA tendo uma conversa constrangedora com a babá**. EU SÓ QUERO FICAR COM A MINHA FILHA. Essa

---

* Parece que a Margaret Thatcher está viva e diz que é óbvio que ela teria falado diretamente com a governanta sobre o problema e acha que sou uma covarde dos infernos.

N. da E.: Em 2011, quando este livro foi escrito, Margaret Thatcher estava, de fato, viva.

** Sei que é um absurdo eu dizer "babá" em vez de empregada. O que eu tenho é uma empregada de período integral, e eu deveria ser severamente punida por fazer parecer que a vizinha adolescente vem uma vez por semana. Mas não gosto da palavra "empregada". Me dá uma angústia por questões

é a questão, na verdade. Os melhores dias são quando cruzo com a babá no elevador, troco sorrisos, e não tem ninguém além da minha família no apartamento. Acho que a minha babá concordaria comigo, mas tenho medo de perguntar para ela.

Eu pensava nos dedinhos da Nani no meio de um dia atribulado. Eu dizia a mim mesma que, quando ficasse o tempo todo com a minha filha, tudo seria mais fácil. E então percebi: esse dia não chegaria nunca. Essa coisa de "trabalho" não ia simplesmente acabar. Não havia nenhum período de tempo prolongado em vista quando estaríamos só a minha filha e eu. E então eu chorava por dez minutos na minha sala. Os mesmos dez minutos que as revistas insistem que eu deveria gastar fazendo flexões, eu usava para chorar. É claro que eu não deveria admitir que havia uma choradeira torrencial na minha sala três vezes ao ano porque pega mal para a minha causa feminista. Isso faz com que seja mais difícil para as mulheres serem levadas a sério no trabalho. Isso faz com que seja mais difícil para as outras mães que trabalham de justificar a escolha que fizeram. Mas tenho amigas que ficam em casa com os filhos e elas também choram três vezes ao ano, então acho que estamos quites. Penso que deveríamos ser gentis umas com as outras em relação a isso. E que devemos concordar em culpar as crianças. Além disso, o fato de eu chorar três vezes ao ano não me distrai do meu trabalho, assim como meus colegas de trabalho não são distraídos ao verem March Madness, nem ao ficarem se atirando com armas da Nerf, nem (para parar de generalizar) ao passarem vinte minutos no telefone marcando

---

raciais e de classe. E é por isso que vou me referir à nossa empregada como Coordenadora de Infantes a partir de agora.

um hotel para seu pit bull antes de uma viagem para a Itália com o companheiro do mesmo sexo.

Depois de chorar, sempre fico fantasiando sobre o meu pedido de demissão. "Não precisamos de muito dinheiro!", digo a mim mesma. "Não temos uma vida extravagante, só moramos numa cidade cara. Se nos mudarmos para uma casa no meio da Pensilvânia, podemos viver como reis por muito menos! E ficaríamos o dia todo juntos e faríamos cupcakes e plantaríamos um jardim! E eu seria mais alta! É isso mesmo, não sei como, mas eu seria mais alta." Meu devaneio é inevitavelmente interrompido por alguém que precisa que eu volte a trabalhar. Há quase duzentas pessoas que trabalham nesse programa de TV comigo. Muitas delas têm filhos dos quais sentem falta o dia todo assim como eu; elas trabalham as mesmas horas péssimas que eu; mas, diferente de mim, elas não estão no emprego dos sonhos. Elas precisam desse emprego para pagar as contas, e se eu me acovardasse e pedisse demissão, o emprego delas desapareceria.

Além disso, há muitos momentos do meu trabalho que são profundamente satisfatórios e divertidos. E há quase a mesma quantidade de momentos de ser uma mãe de tempo integral que são podres como o desodorante Axe num pedaço de gorgonzola*.

Então, como resolvi a situação das unhas da criança? Espero que você não ache que deixo a minha filhinha andar por aí com os dedos machucados.

Fiz a coisa mais lógica, ou pelo menos o que parece ser uma coisa lógica na vida imaginária que criei para mim mesma. De manhã cedinho, enquanto a minha filha estava no troninho, eu cortava

* Esses momentos incluem: limpar cocô de um maiô, tomar um chute nos seios de alguém que não quer vestir os sapatos, *Dora, a aventureira*.

as unhas dela antes de sair para o trabalho. No início, ela não queria (o que podemos compreender, já que ela estava acostumada a sentir um pouco de dor), mas eu a convenci ao cortar as unhas quase todas da esquerda para a direita e deixá-la cortar o resto. O processo era absurdamente lento, mas ficávamos juntas e contávamos histórias enquanto cortávamos. Essa é uma das coisas estranhas da maternidade. Você não tem como prever que alguns dos melhores momentos vão acontecer no banheiro, às 6 horas da manhã, enquanto segura um monte de pedaços de unha como uma sacerdotisa da Santeria.

Já se passaram três anos, então gosto de acreditar que a comunicação no lar tenha ficado mais fácil. Por exemplo, agora posso sussurrar para a minha filha de 5 anos: "Fala pra Jessie não cortar as suas unhas tão curtas. Tchau!" e sair correndo. Minha filha e eu temos conversas de verdade agora. Eu disse para ela que não havia gostado da mãe do livro ser uma bruxa. Disse que tinha me magoado. E ela me olhou como se nada fosse e disse: "Mamãe. Eu não sei ler. Achei que era um livro do Dia das Bruxas."

A oração de uma mãe para a sua filha

Primeiro, Senhor: nada de tatuagens. Que nenhum símbolo chinês da verdade nem o Ursinho Puff segurando a logo da FSU manchem seus quadris delicados.

Que ela seja Linda, mas não Defeituosa, pois é o Defeito que atrai o olhar sinistro do treinador de futebol, e não a Beleza.

Quando a Metanfetamina for oferecida,
Que ela se lembre dos pais que cortavam suas uvas ao meio e resolva ficar só na Cerveja.

Guie-a, proteja-a
Quando ela estiver atravessando a rua, subindo no barco, nadando no mar, nadando na piscina, andando perto da piscina, esperando na plataforma do metrô, atravessando a rua 86, saindo do barco, usando o banheiro do shopping, subindo e descendo

da escada rolante, andando de carro nas estradas do interior enquanto discute, se apoiando numa janela grande, andando no estacionamento, andando na roda gigante, na montanha-russa, no toboágua ou em qualquer coisa chamada "Hell Drop", "Tower of Torture", ou "The Death Spiral Rock 'N Zero G Roll featuring Aerosmith", e ao ficar em qualquer tipo de varanda, em qualquer lugar, com qualquer idade.

Leve-a para longe do Teatro, mas não longe demais até a Economia.
Alguma coisa na qual ela possa trabalhar no horário que quiser, mas onde se sinta intelectualmente realizada e que possa sair de vez em quando sem precisar usar salto alto.

O que seria isso, Senhor? Arquitetura? Obstetrícia? Design de campo de golfe? Estou perguntando ao Senhor, porque se eu soubesse, estaria fazendo isso, Maldito Seja.

Que ela toque Bateria no ritmo quente do seu Próprio Coração com o vigor da força dos seus Próprios Braços, para que não precise Dormir Com Nenhum Baterista.

Conceda a ela uma Fase Complicada dos 12 aos 17 anos.
Que ela desenhe cavalos e se interesse pela Barbie por tempo demais.
Pois a Infância é curta — uma Flor-Tigre que floresce Magenta por um dia —
E a Idade Adulta é longa e a Pegação no Carro pode esperar.

Ó, Senhor, destrua a Internet para sempre,
Para que ela seja poupada das injúrias mal-escritas de seus iguais
E da campanha de marketing online para o Albergue do Estupro V: As garotas só querem levar facadas.

E quando um dia ela se virar contra mim e me chamar de Vaca na frente da Hollister,
Me dê forças, Senhor, para prontamente enfiá-la num táxi na frente das amigas, pois eu não vou aturar esse tipo de Merda. Simplesmente não vou.

E se um dia ela escolher ser Mãe, seja meus olhos, Senhor,
Para que eu possa vê-la deitada num lençol às 4h50, ao mesmo tempo exausta, entediada e apaixonada por aquela criaturinha com o cocô vazando para as costas.
"A minha mãe já fez isso por mim", ela vai perceber ao limpar as fezes no pescoço do bebê. "Minha mãe fez isso por mim." E a gratidão tardia vai correr sobre ela, como acontece em toda geração, e ela vai fazer um Lembrete Mental de me ligar. E ela vai esquecer.
Mas eu vou saber, porque vi com os Seus olhos de Deus.

Amém.

O que fazer 40 anos significa para mim

Preciso tirar a calça assim que chego em casa. Eu não precisava fazer isso antes, mas agora preciso.

O que devo fazer com meus últimos cinco minutos?

Então aqui estamos, perto do fim do livro, e preciso da sua ajuda com a seguinte pergunta: o que devo fazer com meus últimos cinco minutos? Parece que meus últimos cinco minutos de fama estão alinhados simultaneamente com meus últimos cinco minutos de poder ter um filho.

A ciência mostra que a fertilidade e os papéis nos filmes decaem seriamente para as mulheres com mais de 40 anos.

Tenho uma filha maravilhosa pela qual sou apaixonada. É aquela coisa intensa do "primeiro amor", porque gasto dinheiro e tudo que fazemos é dar as mãos.

Quando ela diz que quer uma irmãzinha, fico tomada de culpa e pânico. Quando ela diz: "*Mãe, eu preciso de Aqua Sand*", ou "Só quero comer chiclete!", ou "Limpa o meu bumbum!", fico menos afetada.

Achei que ter uma filha única seria a regra em Manhattan, mas a minha filha é a única criança na sala dela que não tem irmãos.

A maioria das crianças tem pelo menos dois irmãos. As famílias grandes se tornaram um símbolo de status em Nova York. Quatro filhos lindos com nomes de reis ou fruta são um jeito de dizer: "Posso bancar um apartamento de quatro quartos e 150 mil dólares de mensalidade no ensino fundamental por ano. Como vai a *sua* vida?"

Agora, não sou do tipo que liga para status. Estudei numa escola pública. Tenho todos os meus dentes e partes do rosto originais. Quando me deixam fazer as coisas por conta própria, me visto como se estivesse aqui para cuidar do seu aquário. Mas a pressão de ter outro filho se acumula por outros motivos.

A mulher que é dona da loja de brinquedos perto da minha casa vende aqueles brinquedos lindos de madeira educacionais que as crianças adoram (se não houver nenhum outro tipo de brinquedo por perto e se elas nunca tiverem visto TV) me pergunta: "Você vai ter outro?"

Um figurante no set de *30 Rock* pergunta: "Você quer ter mais filhos?", "Não, não", tenho vontade de dizer. "Por que eu ia querer ter mais filhos quando posso ficar aqui tendo essa conversa constrangedora com você perto da bandeja de bolos?"

A otorrinolaringologista que trata das minhas aftas induzidas pelo estresse diz, sem eu pedir: "Você deveria ter mais um. Tive meus filhos com 41 e 42 anos. É tranquilo." Ela não ouviu a parte sobre as aftas *induzidas pelo estresse*?

Meus pais me educaram para nunca perguntar sobre os planos reprodutivos das pessoas. "Você não sabe como é a vida delas", minha mãe dizia. Eu achava a pergunta tão mal-educada que durante anos eu sequer perguntei a mim mesma. Os 35 anos viraram 40 mais rápido do que a comida do McDonald's vira uma não comida fria.

Atrás da porta nº 2, temos a indústria cinematográfica. Será que eu não deveria aproveitar a oportunidade de fazer mais filmes nos próximos anos? Imagine só os filmes que eu poderia fazer!

- *A senhora da revista* — A história de uma mulher que trabalha demais e procura o amor... que tem uma amiga menos atraente... cuja chefe é interpretada por mim... quando Bebe Neuwirth recusar o papel.
- *A esquisitona dos casamentos* — Uma mulher que trabalha demais e procura o amor entra de penetra nos casamentos e dá os bons votos aos desconhecidos nos vídeos, mas acaba se apaixonando pelo câmera atraente (Gerard Butler ou um cabideiro de jaqueta de couro), apesar de, quando se conheceram pela primeira vez, derrubam o bolo de casamento, fazendo uma senhora cair (a vencedora do Oscar Jane Fonda).
- Depois, um papel pequeno estrategicamente escolhido num filme indie tragicômico respeitável chamado *Alegria negligenciada*, no qual interpreto uma terapeuta lésbica que chora inesperadamente durante a circuncisão do sobrinho da sua companheira. Roger Ebert vai elogiar o meu desempenho dizendo: "Ela foi corajosa ao deixar o buço crescer."
- Finalmente, para ganhar dinheiro, vou interpretar a vilã num filme baseado nas bonecas Moxie Girlz, contracenando com uma futura estrela infantil que, no momento, ainda é uma cócega nos testículos de Billy Ray Cyrus.

Como posso ignorar essas oportunidades? Será que tenho o direito de privar os espectadores de ver esses filmes?

Essas são as questões da vida do bebê versus o trabalho que me mantém acordada à noite. Mais uma ideia ótima para um filme! *O bebê versus o trabalho*. Um bebê que trabalha muito e procura o amor (Kate Hudson) se apaixona por uma pilha de papel (Hugh Grant). Eu interpretaria o fantasma de uma poetisa vitoriana que diz de maneira antiquada para Kate "mandar ver".

Debato sobre a questão do segundo filho quando não consigo dormir. "Será? Não. Eu quero. Não posso. Eu preciso. É claro que não. Vou tentar agora."

Levanto para ir ao banheiro e me analiso no espelho. Será que tenho cara de alguém que deveria estar grávida? Estou bem para quem tem 40 anos, mas tenho o queixo mole e bochechas magras de uma mãe, não de uma senhora grávida. É agora ou nunca. Esta decisão não pode ser adiada.

E qual é a grande maravilha do trabalho? O seu trabalho não vai te fazer uma visita quando estiver velha. O trabalho não vai te levar para fazer uma mamografia e depois sair para tomar sopa com você. É muita pressão na minha única filha esperar que ela carregue todas essas funções sozinha. Além do mais, e se ela se virar contra mim? É difícil gostar de mim. Preciso de reforços.

E quem vai ser a família da minha filha quando meu marido e eu morrermos de aftas induzidas pelo estresse? Ela precisa de um irmão. Dane-se Hollywood. Vão me considerar imprestável e me rotular de louca daqui a cinco anos mesmo.

Vou explicar. Percebi que as mulheres, pelo menos na comédia, são rotuladas de "loucas" depois de uma certa idade.

ROTEIRISTA FEMININA: Você já trabalhou com a ■■■■■ ?

EMPRESÁRIO MASCULINO: (indiferente) Ela é louca agora.

ROTEIRISTA FEMININA: Sabe quem eu adorava quando era mais nova?

A ██████ Mc█████. Que tal ela para o papel?

EMPRESÁRIO MASCULINO: Não sei. Fiquei sabendo que ela é bem maluca.

ROTEIRISTA FEMININA: Recebi uma ligação da ██████ hoje.

EMPRESÁRIO MASCULINO: Eca. Ela já participou do programa uma vez.

Ela era uma doida varrida. Ela queria ver as falas antes e tinha um monte de perguntas.

Conheço homens mais velhos na comédia que mal conseguem se alimentar e se limpar sozinhos, mas eles trabalham mesmo assim. As mulheres, por outro lado, são todas "loucas".

Tenho uma suspeita — presta atenção porque essa é tensa — de que a definição de "louca" no show business agora é "uma mulher que continua falando mesmo depois de ninguém mais querer comê-la".

A única pessoa que penso ter escapado do apelido de "louca" é Betty White, porque, obviamente, as pessoas ainda querem transar com ela.

Esta é a coisa irritante que você começa a perceber: mesmo que nunca durma nem sequer flerte com ninguém para se dar bem, você continua sendo sexualmente sentenciada pelos babacas de Los Angeles. Os executivos das redes de comunicação realmente dizem coisas como: "Não sei. Não quero comer ninguém desse programa." Eles realmente dizem isso. Não é só um diálogo impedidor de lactação de *Entourage*.

(Para qualquer executivo que já tenha dito isso sobre mim, espero que você pelo menos tenha a inteligência e a noção para saber que o sentimento é extremamente mútuo.)

Me parece que o remédio mais rápido para essa situação de "mulheres loucas" é que mais mulheres se tornem produtoras e contratem diversas mulheres de várias idades. É por isso que me sinto obrigada a continuar no show business e tentar muito chegar a um lugar onde eu possa criar oportunidades para outras mulheres, e é por isso que não existe a possibilidade de eu parar de trabalhar para ter um segundo filho, a não ser que isso *aconteça*. Nesse caso, ninguém pode falar nada e eu nunca vou me arrepender a não ser que destrua a minha vida.

E agora já são 4 horas da manhã.

Que todos vão para o Inferno! Talvez eu espere até fazer 50 anos e dê à luz uma bola de dedos! "Feliz Natal de Tina, Jeff, Alice e Bola de Dedos", vai estar escrito no cartão. ("Boas Festas" nos cartões que eu mandar para os meus empresários.)

Tento pensar em qualquer outra coisa para que eu consiga voltar a dormir. Sempre me agarrei ao fato de que a minha mãe me teve inesperadamente aos 40 anos, só que há alguns anos percebi que tinha feito as contas errado e ela tinha 39 anos. Faz muita diferença, na minha insone opinião.

A minha mãe foi concebida nos EUA, nasceu na Grécia, e voltou para os EUA quando era um bebê. Por causa disso, ela nunca é chamada para fazer parte de júri popular.

Ela cresceu falando as duas línguas, e quando eu estava no ensino fundamental, se ofereceu como assistente na sala de aula porque muitos dos gregos na nossa vizinhança tinham "acabado de desembarcar", como ela dizia, e precisavam de uma intérprete. Minha mãe sabia falar grego e conhecia a cultura. Às vezes os professores pediam para ela traduzir uma notícia ruim. "Por favor, diga à Sra. Fondulas que seu filho causa muito tumulto." E ela concordava com a cabeça e dizia em grego: "George é um menino ótimo." Porque ela sabia que se traduzisse a realidade, o garoto apanharia e a mãe a odiaria para sempre por causa da vergonha.

As festas de aniversário das crianças eram eventos simples. Cachorro quente, Hawaiian Punch, colocar o rabo no burro, seguido do bolo e leves vomitadas. (Salsicha Wiener, ponche e rodar até vomitar seriam referidos mais tarde como "o Paris Hilton".)

Eu sempre reclamava com a minha mãe depois do aniversário das crianças porque eles serviam bolo italiano de rum.

Coberto de amêndoas fatiadas e encharcado de bebida alcoólica, o bolo italiano de rum é tudo que as crianças odeiam sobre tudo. Ninguém nunca comia. Era simplesmente jogado fora.

A hora do bolo é teoricamente o clímax do aniversário, mas em vez disso era uma decepção brutal para todos. Imagino que seja como estar numa despedida de solteiro e descobrir que a stripper teve uma overdose no banheiro.

Depois de alguns anos desse absurdo, minha mãe me explicou que o motivo de os "gregos bem gregos", que era como ela os chamava, comprarem bolo italiano de rum era porque era o bolo mais caro da padaria. Eles queriam que os adultos da festa soubessem que podiam bancar o bolo. Enfim, será que é isso que estou tentando fazer com essa besteira de segundo filho? Será que estou correndo atrás disso porque é a coisa mais difícil de conseguir e quero provar que consigo?

Será que quero outro filho? Ou será que quero voltar no tempo e fazer com que a minha filha seja um bebê de novo?

Alguns de vocês devem estar pensando: "Bom, e o que o seu marido quer? Ele faz parte dessa decisão também, sabia?" Ele quer que eu pare de ficar angustiada, mas nenhum dos dois sabe se isso quer dizer para tentar ou esquecer.

Por que não faço as duas coisas, como todo mundo na História do mundo? Porque, como acho que já deixamos bem claro neste livro, as coisas que a maioria das pessoas faz naturalmente são quase sempre inexplicavelmente difíceis para mim. Além do mais, a matemática é impossível. Não importa como faço as contas dos meses, significa que vou ter que descarrilar o programa de TV onde duzentas pessoas dependem de mim para receber o salário, e levo esse tipo de coisa a sério. Como todo mundo, de Tom Shales a Jeff Zucker, eu achava que *30 Rock* já teria sido cancelado.

Tenho uma ginecologista ótima que é tão talentosa para ouvir como é para fazer exames retais. Fui fazer meu check-up anual e, cansada de carregar essa angústia, comecei a chorar no momento que ela disse "oi". Expliquei tudo para ela, e a coisa mais importante que absorvi dessa conversa foi o tipo de observação simples que apenas terceiros imparciais conseguem fornecer. "De qualquer jeito, vai dar tudo certo", ela sorriu e, por alguns momentos, fui arrancada da nuvem cerebral angustiada e atrofiada.

Uma vez, minha mãe tomou conta de duas crianças-de-bolo-italiano-de-rum enquanto os pais estavam numa festa de casamento. Era a primeira vez que aquele casal saía sozinho desde que os filhos tinham nascido. Os pais os deixaram na minha casa depois da cerimônia. Os pequenos Christo e Maria ainda estavam todos arrumadinhos. Christo estava com um terninho preto e uma camisa branca. Maria estava com um vestido vermelho de veludo e chorou no cercadinho do momento em que seus pais saíram até a hora em que voltaram. Minha mãe tentou de tudo para consolá-la, comida... E só.

Depois de algumas horas disso, Christo, de 7 anos, estava transtornado. Ninguém além dos pais tinha tomado conta dele. Por quanto tempo essa merda ia durar? A irmã dele estava histérica. Ele andava de um lado para o outro na nossa sala, agora de regata e calça preta. Puxando seus cachos dourados, ele parecia o gerente noturno em miniatura de uma lanchonete onde seis pessoas acabaram de comer e sair sem pagar. Ele disse para a irmã mais nova, em grego: "xxxxxx!" Isso fez com que a minha mãe saísse correndo para a sala de jantar rindo histericamente. Corri atrás dela. O quê? O que ele disse? Traduzindo aproximadamente era: "Ó! Minha Maria! O que há de acontecer com a gente?"

Essa situação ridícula superdramática divertiu a minha mãe de uma maneira tão específica que ela se abaixou na sala de jantar, torcendo para que as crianças não vissem que ela riu tanto deles que fez um pouco de xixi. É um fenômeno que entendo em todos os níveis.

Eles iam ficar bem, mas não existia a possibilidade de acreditarem nisso.

Deve ter sido assim que a minha médica me viu. Deve ser assim que todas as pessoas com problemas de verdade me veem — um soldado em atividade, um mendigo, um mineiro chileno, etc. Uma pessoa pequena, sem nada para se preocupar, andando em círculos, quase surtando.

De qualquer jeito, vai dar tudo certo. Mas se você tem uma opinião a dar, por favor, fique à vontade para me dizer pelo buraco da porta de um banheiro público. É o que todo mundo faz.

Agradecimentos

Eu gostaria muito de agradecer a: Kay Cannon, Richard Dean, Eric Gurian, John Riggi e Tracy Wigfield pelos olhos e ouvidos. Dave Miner por me obrigar a fazer isso. Reagan Arthur por me ensinar como fazer isso. Katie Miervaldis por seu serviço dedicado e sua atitude letã. Tom Ceraulo por suas bizarras habilidades no computador. Michael Donaghy por dois anos de domingos.

Jeff e Alice Richmond pelo estímulo carinhoso constante e pelas interrupções carinhosas constantes, respectivamente.

Obrigada a Lorne Michaels, Marc Graboff e NBC por me deixarem reproduzir o material.

Este livro foi composto na tipologia Bauer Bdoni,
em corpo 12/17, e impresso em papel
polen soft 80g/m^2 na Markgraph.